Антон Чехов

Дядя Ваня

Arbeiten und Texte zur Slavistik, Band 104
Begründet von Wolfgang Kasack
Herausgegeben von Alfred Gall, Frank Göbler und Rainer Goldt

Антон Чехов

Дядя Ваня

Herausgegeben von Wolfgang Schriek

Frank & Timme
Verlag für wissenschaftliche Literatur

ISBN 978-3-7329-0576-8
ISBN E-Book 978-3-7329-9421-2
ISSN 0173-2307

Herstellung durch Frank & Timme GmbH,
Wittelsbacherstraße 27a, 10707 Berlin.
Printed in Germany.
Gedruckt auf säurefreiem, alterungsbeständigem Papier.

www.frank-timme.de

Inhalt

Дядя Ваня

Сцены из деревенской жизни в четырех действиях

ДЕЙСТВУЮЩИЕ ЛИЦА

Серебряко́в Алекса́ндр Влади́мирович, отставной профессор.
Еле́на Андре́евна, его жена, 27 лет.
Со́фья Алекса́ндровна (Со́ня), его дочь от первого брака.
Войни́цкая Мари́я Васи́льевна, вдова тайного советника, мать первой жены профессора.
Войни́цкий Ива́н Петро́вич, ее сын.
А́стров Михаи́л Льво́вич, врач.
Теле́гин Илья́ Ильи́ч, обедневший помещик.
Мари́на, старая няня.
Рабо́тник.

Действие происходит в усадьбе Серебрякова.

отставно́й профе́ссор: emeritierter Professor.
та́йный сове́тник: Geheimrat.
обедне́вший поме́щик: verarmter Gutsbesitzer.
рабо́тник: Knecht, Arbeiter.

Действие первое

Сад. Видна часть сада с террасой. На аллее под старым тополем стол, сервированный для чая. Скамьи, стулья; на одной из скамей лежит гитара. Недалеко от стола качели. Третий час дня. Пасмурно. – Марина (сырая, малоподвижная старушка, сидит у самовара, вяжет чулок) и *Астров (ходит возле).*

Марина (*наливает стакан*). Кушай, батюшка.
Астров (*нехотя принимает стакан*). Что-то не хочется.
Марина. Может, водочки выпьешь?
Астров. Нет. Я не каждый день водку пью. К тому же душно.
Пауза.
Нянька, сколько прошло, как мы знакомы?
Марина (*раздумывая*). Сколько? Дай бог память... Ты приехал сюда, в эти края... когда?.. еще жива была Вера Петровна, Сонечкина мать. Ты при ней к нам две зимы ездил... Ну, значит, лет одиннадцать прошло.
(*Подумав.*) А может, и больше...
Астров. Сильно я изменился с тех пор?
Марина. Сильно. Тогда ты молодой был, красивый, а теперь постарел. И красота уже не та. Тоже сказать – и водочку пьешь.
Астров. Да... В десять лет другим человеком стал. А какая причина? Заработался, нянька. От утра до ночи все на ногах, покою не знаю, а ночью лежишь под одеялом и боишься, как бы к больному не потащили. За все время, пока мы с тобою знакомы, у меня ни одного дня не было свободного. Как не постареть? Да и са-

---

то́поль (m.): Pappel.
каче́ли (Pl.): Schaukel.
па́смурно: trübe, bedeckt.
малоподви́жный: unbeweglich, träge.
вяза́ть (вяжу́, вя́жешь; uv.): stricken.
ба́тюшка: meine Liebe (als Anrede gegenüber dem Gesprächspartner).
не́хотя: widerwillig, widerstrebend.
что́-то: aus irgendeinem Grund, irgendwie.
ду́шный: schwül, stickig.
Дай бог па́мять (umg.): Gott, hilf meinem Gedächtnis. – Lass mich nachdenken.
зарабо́таться (umg., v.): sich überarbeiten, zu viel arbeiten.
потащи́ть (v.): schleppen, holen.
сама́ по себе́ жизнь: das Leben an sich.

ма по себе жизнь скучна, глупа, грязна... Затягивает эта жизнь. Кругом тебя одни чудаки, сплошь одни чудаки; а поживешь с ними года два-три и мало-помалу сам, незаметно для себя, становишься чудаком. Неизбежная участь. (*Закручивая свои длинные усы.)* Ишь, громадные усы выросли... Глупые усы. Я стал чудаком, нянька... Поглупеть-то я еще не поглупел, бог милостив, мозги на своем месте, но чувства как-то притупились. Ничего я не хочу, ничего мне не нужно, никого я не люблю... Вот разве тебя только люблю. (*Целует ее в голову.)* У меня в детстве была такая же нянька.

Марина. Может, ты кушать хочешь?

Астров. Нет. В Великом посту на третьей неделе поехал я в Малицкое на эпидемию... Сыпной тиф... В избах народ вповалку... Грязь, вонь, дым, телята на полу, с больными вместе... Поросята тут же... Возился я целый день, не присел, маковой росинки во рту не было, а приехал домой, не дают отдохнуть – привезли с железной дороги стрелочника; положил я его на стол, чтобы ему операцию делать, а он возьми и умри у меня под хлороформом. И когда вот не нужно, чувства проснулись во мне, и защемило мою совесть, точно это я умышленно убил его... Сел я, закрыл глаза –

затя́гивать (uv.): hinziehen; in die Tiefe ziehen; verschlingen; festschnüren.
сплошь: völlig, voll und ganz.
у́часть (f.): Schicksal, Los.
закру́чивать (uv.): zwirbeln, zusammendrehen.
ишь (umg.): kaum zu glauben; da schau mal einer her; na hallo.
поглупе́ть-то я ещё не поглупе́л, бог милости́в (umg.): verblödet bin ich ja Gott-sei-Dank noch nicht.
притупи́ться (v.): stumpf werden, abstumpfen.
Вели́кий пост: Große Fastenzeit (vor Ostern).
сыпно́й тиф: Fleckfieber, -typhus.
впова́лку: kreuz und quer, dicht an dicht, einer neben dem anderen.
вонь: Gestank, Mief.
телёнок, Pl.: теля́та: Kalb.
поросёнок, Pl.: порося́та: Ferkel.
вози́ться (uv.): zu tun haben, sich abmühen, seine liebe Not haben.
ма́ковой роси́нки во рту не бы́ло (umg.): habe keinen einzigen Bissen zu mir genommen; habe weder gegessen noch getrunken (ма́ковый: Mohn-; роси́нка: Tautropfen; рот: Mund).
стре́лочник: Weichenwärter, -steller.
он возьми́ и умри́ у меня́ (umg.): mir nichts dir nichts stirbt er mir … weg.
защеми́ть (v.): bedrücken, quälen.
умы́шленно: mit Absicht, vorsätzlich.

вот этак, и думаю: те, которые будут жить через сто-двести лет после нас и для которых мы теперь пробиваем дорогу, помянут ли нас добрым словом? Нянька, ведь не помянут!

Марина. Люди не помянут, зато бог помянет.

Астров. Вот спасибо. Хорошо ты сказала.

Входит Войницкий.

Войницкий (*выходит из дому, он выспался после завтрака и имеет помятый вид; садится на скамью, поправляет свой щегольский галстук*). Да...

Пауза.

Да...

Астров. Выспался?

Войницкий. Да... Очень. (*Зевает.*) С тех пор, как здесь живет профессор со своею супругой, жизнь выбилась из колец... Сплю не вовремя, за завтраком и обедом ем разные кабули, пью вина... нездорово все это! Прежде минутны свободной не было, я и Соня работали – мое почтение, а теперь работает одна Соня, а я сплю, ем, пью... Нехорошо!

Марина (*покачав головой*). Порядки! Профессор встает в 12 часов, а самовар кипит с утра, все его дожидается. Без них обедали всегда в первом часу, как везде у людей, а при них в седьмом. Ночью профессор читает и пишет, и вдруг часу во втором звонок... Что такое, батюшка? Чаю! Буди для него народ, ставь самовар... Порядки!

Астров. И долго они еще здесь проживут?

Войницкий (*свистит*). Сто лет. Профессор решил поселиться здесь.

Марина. Вот и теперь. Самовар уже два часа на столе, а они гулять пошли.

пробива́ть (uv.) **доро́гу:** den Weg bahnen.
помя́тый: zerknittert, mitgenommen.
щёгольский га́лстук: modische Krawatte.
вы́биться (v.) **из коле́ц:** aus den Fugen geraten (кольцо́: Ring, Kreis; вы́биться: sich befreien, loskommen).
кабу́л: scharfe Gewürzsauce.
пре́жде: früher.
почте́ние: Respekt, Achtung.
поря́дки: Zustände/Sitten (sind das).
кипе́ть (uv.): kochen.
посели́ться (v.): sich niederlassen.

Войницкий. Идут, идут... Не волнуйся.

Слышны голоса; из глубины сада, возвращаясь с прогулки, идут Серебряков, Елена Андреевна, Соня и Телегин.

Серебряков. Прекрасно, прекрасно... Чудесные виды.

Телегин. Замечательные, ваше превосходительство.

Соня. Мы завтра поедем в лесничество, папа. Хочешь?

Войницкий. Господа, чай пить!

Серебряков. Друзья мои, пришлите мне чай в кабинет, будьте добры! Мне сегодня нужно еще кое-что сделать.

Соня. А в лесничестве тебе непременно понравится...

Елена Андреевна, Серебряков и Соня уходят в дом; Телегин идет к столу и садится возле Марины.

Войницкий. Жарко, душно, а наш великий ученый в пальто, в калошах, с зонтиком и в перчатках.

Астров. Стало быть, бережет себя.

Войницкий. А как она хороша! Как хороша! Во всю жизнь не видел женщины красивее.

Телегин. Еду ли я по полю, Марина Тимофеевна, гуляю ли в тенистом саду, смотрю ли на этот стол, я испытываю неизъяснимое блаженство! Погода очаровательная, птички поют, живем мы все в мире и согласии, – чего еще нам? (*Принимая стакан.*) Чувствительно вам благодарен!

Войницкий (*мечтательно*). Глаза... Чудная женщина.

Астров. Расскажи-ка что-нибудь, Иван Петрович.

Войницкий (*вяло*). Что тебе рассказать?

Астров. Нового нет ли чего?

Войницкий. Ничего. Все старо. Я тот же, что и был, пожалуй, стал хуже, так как обленился, ничего не делаю и только ворчу,

---

Вот и тепе́рь: Wie jetzt zum Beispiel.
превосходи́тельство: Exzellenz (als Titel bzw. Anrede).
лесни́чество: Forstrevier, Forsthaus.
непреме́нный: unbedingt.
бере́чь (берегу́, бережёшь, uv.): sich schonen.
тени́стый: schattig.
неизъясни́мый: unbeschreiblich, unsäglich.
блаже́нство: Glücksgefühl, Glücksseligkeit.
Чувстви́тельно вам благода́рен: Meinen innigsten Dank.
обleни́ться (v.): faul werden.
ворча́ть (ворчу́, ворчи́шь; uv.): herumknurren, griesgrämig sein.

как старый хрен. Моя старая галка, maman, все еще лепечет про женскую эмансипацию, одним глазом смотрит в могилу, а другим ищет в своих умных книжках зарю новой жизни.
Астров. А профессор?
Войницкий. А профессор по-прежнему от утра до глубокой ночи сидит у себя в кабинете и пишет. «Напрягши ум, наморщивши чело, все оды пишем, пишем, и ни себе, ни им похвал не слышим». Бедная бумага! Он бы лучше свою автобиографию написал. Какой это превосходный сюжет! Отставной профессор, понимаешь ли, старый сухарь, ученая вобла... Подагра, ревматизм, мигрень, от ревности и зависти вспухла печенка... Живет эта вобла в имении своей первой жены, живет поневоле, потому что жить в городе ему не по карману. Вечно жалуется на свои несчастья, хотя в сущности сам необыкновенно счастлив. (*Нервно.*) Ты только подумай, какое счастье! Сын простого дьячка, бурсак, добился ученых степеней и кафедры, стал его превосходительством, зятем сенатора и прочее и прочее. Все это неважно, впрочем. Но ты возьми вот что. Человек ровно двадцать пять лет читает и пишет об искусстве, ровно ничего не понимая в искусстве.

хрен: Meerrettich; hier: alter Knacker, Tattergreis.
га́лка: Dohle; hier: alte Dame, alte Schachtel.
лепета́ть (лепечу́, лепе́чешь; uv.): lallen, plappern, stammeln, faseln.
заря́: Morgenröte; Anbruch.
напря́гши: (g.pt.a.) von: напря́чь (напрягу́, напряжёшь; v.): anspannen. – Zitat aus dem satirischen Gedicht «Чужой толк» («Fremder Sinn», 1794) des russischen Dichters Ivan Dimitriev (1760–1837). Das Gedicht parodiert die Form der Ode.
намо́рщив: (g.pt.a.) von: намо́рщить (v.): runzeln.
чело́: Stirn.
похвала́: Lob.
суха́рь (m.): Klotz, nur auf sich bedachter Mensch; Zwieback.
во́бла: Stockfisch; Klappergestell. – Wobla wird in Russland gern zum Bier gegessen.
пода́гра: Gicht, das Podagra.
вспу́хнуть (v.): schwellen.
печёнка: Leber.
понево́ле: wohl oder übel; unfreiwillig; gegen den Willen.
не по карма́ну (umg.): sich nicht leisten können.
не́рвно: gereizt.
дьячо́к: Küster, Kirchendiener.
бурса́к: Zögling eines Priesterseminars; Seminarist.
доби́ться учёных степене́й и ка́федры: akademische Grade und einen Lehrstuhl erlangen.
зя́ть (m.): Schwiegersohn (= Ehemann der Tochter).

Двадцать пять лет он пережевывает чужие мысли о реализме, натурализме и всяком другом вздоре; двадцать пять лет читает и пишет о том, что умным давно уже известно, а для глупых неинтересно: значит, двадцать пять лет переливает из пустого в порожнее. И в то же время какое самомнение! Какие претензии! Он вышел в отставку, и его не знает ни одна живая душа, он совершенно неизвестен; значит, двадцать пять лет он занимал чужое место. А посмотри: шагает, как полубог!

Астров. Ну, ты, кажется, завидуешь.

Войницкий. Да, завидую! А какой успех у женщин! Ни один Дон-Жуан не знал такого полного успеха! Его первая жена, моя сестра, прекрасное, кроткое создание, чистая, как вот это голубое небо, благородная, великодушная, имевшая поклонников больше, чем он учеников, – любила его так, как могут любить одни только чистые ангелы таких же чистых и прекрасных, как они сами. Моя мать, его теща, до сих пор обожает его и до сих пор он внушает ей священный ужас. Его вторая жена, красавица, умница – вы ее только что видели, – вышла за него, когда уже он был стар, отдала ему молодость, красоту, свободу, свой блеск. За что? Почему?

Астров. Она верна профессору?

Войницкий. К сожалению, да.

Астров. Почему же, к сожалению?

Войницкий. Потому что эта верность фальшива от начала до конца. В ней много риторики, но нет логики. Изменить старому мужу, которого терпеть не можешь, – это безнравственно; стараться же заглушить в себе бедную молодость и живое чувство – это не безнравственно.

пережёвывать (uv.): wiederkäuen.
вздор: Unsinn, Blödsinn.
перелива́ть из пусто́го в поро́жнее (umg.): leeres Stroh dreschen (перелива́ть, uv.: übergießen, umschütten; поро́жний: gähnend leer)
самомне́ние: Dünkel, Einbildung.
прете́нзия: Anspruch, Anmaßung.
кро́ткий: sanft.
созда́ние: Geschöpf.
тёща: Schwiegermutter.
внуша́ть (uv.): einflößen.
измени́ть (v.), изменя́ть (uv.): betrügen.
безнра́вственный: unmoralisch.
заглуши́ть (v.): ersticken, unterdrücken.

Телегин (*плачущим голосом*). Ваня, я не люблю, когда ты это говоришь. Ну, вот, право... Кто изменяет жене или мужу, тот, значит, неверный человек, тот может изменить и отечеству!

Войницкий (*с досадой*). Заткни фонтан, Вафля!

Телегин. Позволь, Ваня. Жена моя бежала от меня на другой день после свадьбы с любимым человеком по причине моей непривлекательной наружности. После того я своего долга не нарушал. Я до сих пор ее люблю и верен ей, помогаю чем могу и отдал свое имущество на воспитание деточек, которых она прижила с любимым человеком. Счастья я лишился, но у меня осталась гордость. А она? Молодость уже прошла, красота под влиянием законов природы поблекла, любимый человек скончался... Что же у нее осталось?

Входят Соня и Елена Андреевна; немного погодя входит Мария Васильевна с книгой; она садится и читает; ей дают чаю, и она пьет не глядя.

Соня (*торопливо, няне*). Там, нянечка, мужики пришли. Поди поговори с ними, а чай я сама. (*Наливает чай.*)

Няня уходит, Елена Андреевна берет свою чашку и пьет, сидя на качелях.

Астров (*Елене Андреевне*). Я ведь к вашему мужу. Вы писали, что он очень болен, ревматизм и еще что-то, а оказывается, он здоровехонек.

Елена Андреевна. Вчера вечером он хандрил, жаловался на боли в ногах, а сегодня ничего...

доса́да: Ärger, Verdruss.
заткну́ть (v.): abstellen. – Hier, mit der Aufforderung zu schweigen, metaphorische Anspielung auf den Aphorismus des Satirikers Koz'ma Prutkov (ein Pseudonym von vier russischen Schriftstellern) «Е́сли у тебя́ есть фонта́н, заткни́ его́; дай отдохну́ть и фонта́ну» («Wenn du eine Fontäne hast, stell sie ab; lass auch die Fontäne ruhen», 1854).
ва́фля: Waffel; auch: Pleite, Missgeschick, Pech; hier abfällig: du Pfeife, Waffelface.
нару́жность (f.): Äußeres.
долг: Pflicht.
помога́ю чем могу́ (umg.): ich helfe, wo ich kann.
иму́щество: Vermögen.
прижи́ть (v., umg.): zulegen, anschaffen, in die Welt setzen.
поблёкнуть (v.): verblassen, welken.
погодя́: danach, später.
чай я сама́ (umg.): um den Tee werde ich mich kümmern.
здоровёхонький (umg.): kerngesund, vor Gesundheit strotzend.

А с т р о в. А я-то сломя голову скакал тридцать верст. Ну, да ничего, не впервой. Зато уж останусь у вас до завтра и по крайней мере высплюсь quantum satis.
С о н я. И прекрасно. Это такая редкость, что вы у нас ночуете. Вы небось не обедали?
А с т р о в. Нет-с, не обедал.
С о н я. Так вот кстати и пообедаете. Мы теперь обедаем в седьмом часу. (*Пьет.*) Холодный чай!
Т е л е г и н. В самоваре уже значительно понизилась температура.
Е л е н а А н д р е е в н а. Ничего, Иван Иваныч, мы и холодный выпьем.
Т е л е г и н. Виноват-с... Не Иван Иваныч, а Илья Ильич-с... Илья Ильич Телегин, или, как некоторые зовут меня по причине моего рябого лица, Вафля. Я когда-то крестил Сонечку, и его превосходительство, ваш супруг, знает меня очень хорошо. Я теперь у вас живу-с, в этом имении-с... Если изволили заметить, я каждый день с вами обедаю.
С о н я. Илья Ильич – наш помощник, правая рука. (*Нежно.*) Давайте, крестненький, я вам еще налью.
М а р и я В а с и л ь е в н а. Ах!
С о н я. Что с вами, бабушка?
М а р и я В а с и л ь е в н а. Забыла я сказать Александру... потеряла память... сегодня получила я письмо из Харькова от Павла Алексеевича... Прислал свою новую брошюру...
А с т р о в. Интересно?

хандри́ть (uv.): Trübsal blasen, schlechte Laune haben, jammern.
сломя́ го́лову: Hals über Kopf.
скака́ть (v.): galoppieren, herjagen, herhasten.
quantum satis (lat.): in ausreichender Menge, reichlich.
небо́сь: sicher, wohl.
Нет-с. Nein. – Mit der veralteten Partikel –с (entstanden aus сударь «Herr») wurde einst Höflichkeit und Ehrerbietung ausgedrückt.
винова́т-с: Entschuldigung.
рябо́е лицо́: pockennarbiges Gesicht.
крести́ть (uv.): bekreuzigen; hier: Taufpate sein.
кре́стненький (umg.): hier: lieber Patenonkel.
Ха́рьков: Char'kov (russ.), heute Charkiv (ukr.), zweitgrößte Stadt der Ukraine. Zu Čechovs Zeiten lag Char'kov im Süden des russischen Reichs und war ein bedeutendes Kultur- und Handelszentrum.

Мария Васильевна. Интересно, но как-то странно. Опровергает то, что семь лет назад сам же защищал. Это ужасно!
Войницкий. Ничего нет ужасного. Пейте, maman, чай.
Мария Васильевна. Но я хочу говорить!
Войницкий. Но мы уже пятьдесят лет говорим, и говорим, и читаем брошюры. Пора бы уж и кончить.
Мария Васильевна. Тебе почему-то неприятно слушать, когда я говорю. Прости, Жан, но в последний год ты так изменился, что я тебя совершенно не узнаю... Ты был человеком определенных убеждений, светлою личностью...
Войницкий. О да! Я был светлою личностью, от которой никому не было светло...
Пауза.
Я был светлою личностью... Нельзя сострить ядовитей! Теперь мне сорок семь лет. До прошлого года я так же, как вы, нарочно старался отуманивать свои глаза вашею этою схоластикой, чтобы не видеть настоящей жизни, – и думал, что делаю хорошо. А теперь, если бы вы знали! Я ночи не сплю с досады, от злости, что так глупо проворонил время, когда мог бы иметь все, в чем отказывает мне теперь моя старость!
Соня. Дядя Ваня, скучно!
Мария Васильевна (*сыну*). Ты точно обвиняешь в чем-то свои прежние убеждения... Но виноваты не они, а ты сам. Ты забывал, что убеждения сами по себе ничто, мертвая буква... Нужно было дело делать.
Войницкий. Дело? Не всякий способен быть пишущим perpetuum mobile, как ваш герр профессор.
Мария Васильевна. Что ты хочешь этим сказать?
Соня (*умоляюще*). Бабушка! Дядя Ваня! Умоляю вас!

опроверга́ть (uv.): dementieren, widerlegen.
состри́ть (v.): Witz reißen, spötteln.
ядови́тый: giftig, bissig, gehässig.
схола́стика: Scholastik.
злость (f.): Wut, Ärger.
проворо́нить (v.): verschlafen, vergeuden, vertrödeln.
обвиня́ть (uv.): anklagen, beschuldigen.
perpetuum mobile (lat.): sich ständig, ohne zugeführte Energie bewegendes Ding.
герр (dt.): Herr. – Das aus dem Deutschen übernommene Lehnwort wird hier mit ironischem und abschätzigem Unterton benutzt.

Войницкий. Я молчу. Молчу и извиняюсь.
Пауза.
Елена Андреевна. А хорошая сегодня погода... Не жарко...
Пауза.
Войницкий. В такую погоду хорошо повеситься...
Телегин настраивает гитару. Марина ходит около дома и кличет кур.
Марина. Цып, цып, цып...
Соня. Нянечка, зачем мужики приходили?..
Марина. Все то же, опять все насчет пустоши. Цып, цып, цып...
Соня. Кого ты это?
Марина. Пеструшка ушла с цыплятами... Вороны бы не потаскали... (*Уходит.*)
Телегин играет польку; все молча слушают; входит работник.
Работник. Господин доктор здесь? (*Астрову*). Пожалуйте, Михаил Львович, за вами приехали.
Астров. Откуда?
Работник. С фабрики.
Астров (*с досадой*). Покорно благодарю. Что ж, надо ехать... (*Ищет глазами фуражку.*) Досадно, черт подери...
Соня. Как это неприятно, право... С фабрики приезжайте обедать.
Астров. Нет, уж поздно будет. Где уж... Куда уж... (*работнику.*) Вот что, притащи-ка мне, любезный, рюмку водки, в самом деле.
Работник уходит.

пове́ситься (v.): sich aufhängen.
настра́ивать (uv.): stimmen (Instrument).
кли́кать (uv.): herbeirufen.
цып, цып, цып: put-put-put.
насчёт: bezüglich.
пу́стошь (f.): Brach-, Ödland.
Кого́ ты э́то? (umg.): Wen rufst du?
пестру́шка: bunte Henne.
потаска́ть (v.): umherschleppen; holen.
поко́рный: ergeben, gehorsam.
чёрт подери́ (umg.): hol's der Teufel!
притащи́-ка (umg.): hol mir mal. (притащи́ть, v.: heranschleppen, herbeischaffen). – Die Partikel -ка (etwa: mal, doch) mildert einen Befehl bzw. drückt einen Wunsch aus.
в са́мом де́ле: wirklich.

Где уж... Куда уж... (*Нашел фуражку.)* У Островского в какой-то пьесе есть человек с большими усами и малыми способностями.... Так это я. Ну, честь имею, господа... (*Елене Андреевне.*) Если когда-нибудь заглянете ко мне, вот вместе с Софьей Александровной, то буду искренно рад. У меня небольшое именьишко, всего десятин тридцать, но, если интересуетесь, образцовый сад и питомник, какого не найдете за тысячу верст кругом. Рядом со мной казенное лесничество... Лесничий там стар, болеет всегда, так что в сущности я заведую всеми делами.

Елена Андреевна. Мне уже говорили, что вы очень любите леса. Конечно, можно принести большую пользу, но разве это не мешает вашему настоящему призванию? Ведь вы доктор.

Астров. Одному богу известно, в чем наше настоящее призвание.

Елена Андреевна. И интересно?

Астров. Да, дело интересное.

Войницкий (*с иронией*). Очень!

Елена Андреевна (*Астрову*). Вы еще молодой человек, вам на вид... ну, тридцать шесть-тридцать семь лет... и, должно быть, не так интересно, как вы говорите... Все лес и лес. Я думаю, однообразно.

Соня. Нет, это чрезвычайно интересно. Михаил Львович каждый год сажает новые леса, и ему уже прислали бронзовую медаль и диплом. Он хлопочет, чтобы не истребляли старых. Если вы выслушаете его, то согласитесь с ним вполне. Он говорит, что

Остро́вский: Anspielung auf die Komödie «Бесприда́нница» («Das Mädchen ohne Mitgift», 1879) des populären Dramatikers Aleksandr Ostrovskij (1823–86), in der sich Baron Sergej Sergeič Paratov als «Mensch mit großem Schnurrbart und kleinen Fähigkeiten» vorstellt (Akt 2, Szene 9).

загляну́ть (umg., v.): auf einen Sprung vorbeikommen.

име́ньишко (abw.): kleines (gottverlassenes) Gut.

десяти́на: altes russisches Flächenmaß (ca. 1,1 ha).

пито́мник: Baumschule, Schonung, Gehege.

верста́: die Werst, altes russisches Längenmaß von 1,067 km.

казённый: staatlich.

лесни́чий: Förster.

заве́довать (uv.): leiten, Geschäfte führen.

призва́ние: Berufung.

сажа́ть (uv.): pflanzen.

хлопота́ть (uv.): sich einsetzen, ein gutes Wort einlegen.

леса украшают землю, что они учат человека понимать прекрасное и внушают ему величавое настроение. Леса смягчают суровый климат. В странах, где мягкий климат, меньше тратится сил на борьбу с природой, и потому там мягче и нежнее человек; там люди красивы, гибки, легко возбудимы, речь их изящна, движения грациозны. У них процветают науки и искусства, философия их не мрачна, отношения к женщине полны изящного благородства...

Войницкий (*смеясь*). Браво, браво!.. Все это мило, но не убедительно, так что (*Астрову*) позволь мне, мой друг, продолжать топить печи дровами и строить сараи из дерева.

Астров. Ты можешь топить печи торфом, а сараи строить из камня. Ну, я допускаю, руби леса из нужды, но зачем истреблять их? Русские леса трещат под топором, гибнут миллиарды деревьев, опустошаются жилища зверей и птиц, мелеют и сохнут реки, исчезают безвозвратно чудные пейзажи, и все оттого, что у ленивого человека не хватает смысла нагнуться и поднять с земли топливо. (*Елене Андреевне.*) Не правда ли, сударыня? Надо быть безрассудным варваром, чтобы жечь в своей печке эту красоту, разрушать то, чего мы не можем создать. Человек одарен разумом и творческою силой, чтобы преумножать то, что ему дано, но до сих пор он не творил, а разрушал. Лесов все меньше и меньше, реки сохнут, дичь перевелась, климат испорчен, и с каж-

---

величáвый: erhaben.
смягчáть (uv.): mildern.
гúбкий: flexibel, wendig.
возбудúмый: leicht erregbar.
изя́щный: elegant.
благорóдство: Edelmut, Größe.
трещáть (uv.): bersten, fallen, krachen.
опустошáться (uv.): zugrunde richten, vernichten.
мелéть (uv.): flach werden, versanden.
пейзáж: Landschaft.
нагну́ться (v.): sich bücken.
тóпливо: Heizmaterial.
судáрыня: gnädige Frau.
безрассу́дный: unbedacht.
жечь (жгу, жжёшь; uv.): verfeuern, verbrennen.
одарúть (v.): schenken, reich ausstatten.
преумножáть (uv.): vergrößern, vermehren.
дичь (f.): Wild.

дым днем земля становится все беднее и безобразнее. (*Войницкому.*) Вот ты глядишь на меня с иронией, и все, что я говорю, тебе кажется несерьезным и... и, быть может, это в самом деле чудачество, но когда я прохожу мимо крестьянских лесов, которые я спас от порубки, или когда я слышу, как шумит мой молодой лес, посаженный моими руками, я сознаю, что климат немножко и в моей власти, и что если через тысячу лет человек будет счастлив, то в этом немножко буду виноват и я. Когда я сажаю березку и потом вижу, как она зеленеет и качается от ветра, душа моя наполняется гордостью, и я... (*Увидев работника, который принес на подносе рюмку водки.*) Однако... (*пьет*) мне пора. Все это, вероятно, чудачество в конце концов. Честь имею кланяться! (*Идет к дому.*)

Соня (*берет его под руку и идет вместе*). Когда же вы приедете к нам?

Астров. Не знаю...

Соня. Опять через месяц?..

Астров и Соня уходят в дом; Мария Васильевна и Телегин остаются возле стола; Елена Андреевна и Войницкий идут к террасе.

Елена Андреевна. А вы, Иван Петрович, опять вели себя невозможно. Нужно было вам раздражать Марию Васильевну, говорить о perpetuum mobile! И сегодня за завтраком вы опять спорили с Александром. Как это мелко!

Войницкий. Но если я его ненавижу!

Елена Андреевна. Ненавидеть Александра не за что, он такой же, как все. Не хуже вас.

Войницкий. Если бы вы могли видеть свое лицо, свои движения... Какая вам лень жить! Ах, какая лень!

Елена Андреевна. Ах, и лень, и скучно! Все бранят моего мужа, все смотрят на меня с сожалением: несчастная, у нее старый муж! Это участие ко мне – о, как я его понимаю! Вот как сказал сейчас Астров: все вы безрассудно губите леса, и скоро на

перевести́сь (v.): aussterben.
чуда́чество: Spleen, Schrulligkeit, sonderbares Gebaren.
раздража́ть (uv.): reizen, ärgern, auf die Nerven gehen.
лень (f.): Faulheit, Trägheit; zu faul, zu bequem.
брани́ть (uv.): schelten, beschimpfen.
уча́стие: Anteilnahme.

земле ничего не останется. Точно так вы безрассудно губите человека, и скоро благодаря вам на земле не останется ни верности, ни чистоты, ни способности жертвовать собою. Почему вы не можете видеть равнодушно женщину, если она не ваша? Потому что, – прав этот доктор, – во всех вас сидит бес разрушения. Вам не жаль ни лесов, ни птиц, ни женщин, ни друг друга...

В о й н и ц к и й. Не люблю я этой философии!

Пауза.

Е л е н а А н д р е е в н а. У этого доктора утомленное нервное лицо. Интересное лицо. Соне, очевидно, он нравится, она влюблена в него, и я ее понимаю. При мне он был здесь уже три раза, но я застенчива и ни разу не поговорила с ним как следует, не обласкала его. Он подумал, что я зла. Вероятно, Иван Петрович, оттого мы с вами такие друзья, что оба мы нудные, скучные люди! Нудные! Не смотрите на меня так, я этого не люблю.

В о й н и ц к и й. Могу ли я смотреть на вас иначе, если я люблю вас? Вы мое счастье, жизнь, моя молодость! Я знаю, шансы мои на взаимность ничтожны, равны нулю, но мне ничего не нужно, позвольте мне только глядеть на вас, слышать ваш голос...

Е л е н а А н д р е е в н а. Тише, вас могут услышать!

Идут в дом.

В о й н и ц к и й (*идя за нею*). Позвольте мне говорить о своей любви, не гоните меня прочь, и это одно будет для меня величайшим счастьем...

Е л е н а А н д р е е в н а. Это мучительно.

Оба уходят в дом. Телегин бьет по струнам и играет польку; Мария Васильевна что-то записывает на полях брошюры.

З а н а в е с

бес разруше́ния: Dämon der Zerstörung.
утомлённый: ermattet, erschöpft.
засте́нчивый: schüchtern.
как сле́дует: ordentlich, richtig.
обласка́ть (v.): freundlich, nett sein.
ну́дный: langweilig, eintönig, stumpfsinnig.
взаи́мность (f.): Gegenseitigkeit.
прочь (adv.): fort.
по́ле: hier: Rand.

Действие второе

Столовая в доме Серебрякова. Ночь. Слышно, как в саду стучит сторож. – Серебряков *(сидит в кресле перед открытым окном и дремлет)* и Елена Андреевна *(сидит подле него и тоже дремлет).*

Серебряков (*очнувшись*). Кто здесь? Соня, ты?
Елена Андреевна. Это я.
Серебряков. Ты, Леночка... Невыносимая боль!
Елена Андреевна. У тебя плед упал на пол. (*Кутает ему ноги.*) Я, Александр, затворю окно.
Серебряков. Нет, мне душно... Я сейчас задремал и мне снилось, будто у меня левая нога чужая. Проснулся от мучительной боли. Нет, это не подагра, скорей ревматизм. Который теперь час?
Елена Андреевна. Двадцать минут первого.
Пауза.
Серебряков. Утром поищи в библиотеке Батюшкова. Кажется, он есть у нас.
Елена Андреевна. А?
Серебряков. Поищи утром Батюшкова. Помнится, он был у нас. Но отчего мне так тяжело дышать?
Елена Андреевна. Ты устал. Вторую ночь не спишь.
Серебряков. Говорят, у Тургенева от подагры сделалась грудная жаба. Боюсь, как бы у меня не было. Проклятая, отвратительная старость. Черт бы ее побрал. Когда я постарел, я стал себе

стуча́ть (uv.): klopfen.
сто́рож: Nachtwächter. – Es war Usus, dass auf Landgütern Nachtwächter durch Klopfen gegen ein Holzbrett stündlich die Zeit angaben.
очну́ться (v.): wieder zu sich kommen, aufwachen.
плед: Decke, Plaid.
ку́тать (uv.): einhüllen, einwickeln.
Ба́тюшков: Konstantín Nikoláevič Bátjuškov (1787–1855), trotz seiner nur kurzen Schaffenszeit (1810–20) einer der besten Lyriker seiner Zeit, Wegbereiter der Puškin-Epoche. Schrieb Elegien und «leichte Poesie», orientierte sich unter anderem an antiker Dichtung. Lebte seit 1822 mehr als drei Jahrzehnte in geistiger Umnachtung.
Турге́нев: Iván Sergéevič Turgénev (1818–1883), russischer Prosaiker, starb in Paris an Rückenmarkkrebs, der irrtümlicherweise als Gicht diagnostiziert wurde.
грудна́я жа́ба: Angina pectoris.

противен. Да и вам всем, должно быть, противно на меня смотреть.

Елена Андреевна. Ты говоришь о своей старости таким тоном, как будто все мы виноваты, что ты стар.

Серебряков. Тебе же первой я противен.

Елена Андреевна отходит и садится поодаль.

Конечно, ты права. Я неглуп и понимаю. Ты молода, здорова, красива, жить хочешь, а я старик, почти труп. Что ж? Разве я не понимаю? И, конечно, глупо, что я до сих пор жив. Но погодите, скоро я освобожу вас всех. Недолго мне еще придется тянуть.

Елена Андреевна. Я изнемогаю... Бога ради молчи.

Серебряков. Выходит так, что благодаря мне все изнемогли, скучают, губят свою молодость, один только я наслаждаюсь жизнью и доволен. Ну да, конечно!

Елена Андреевна. Замолчи! Ты меня замучил!

Серебряков. Я всех замучил. Конечно.

Елена Андреевна (*сквозь слезы*). Невыносимо! Скажи, что ты хочешь от меня!

Серебряков. Ничего.

Елена Андреевна. Ну, так замолчи. Я прошу.

Серебряков. Странное дело, заговорит Иван Петрович или эта старая идиотка, Марья Васильевна, – и ничего, все слушают, но скажи я хоть одно слово, как все начинают чувствовать себя несчастными. Даже голос мой противен. Ну, допустим, я противен, я эгоист, я деспот, но неужели я даже в старости не имею некоторого права на эгоизм? Неужели я не заслужил? Неужели же, я спрашиваю, я не имею права на покойную старость, на внимание к себе людей?

Елена Андреевна. Никто не оспаривает у тебя твоих прав.

Окно хлопает от ветра.

проти́вный: widerlich, ekelhaft, abstoßend.
по́одаль (adv.): etwas weiter weg.
тяну́ть (uv.): hier: dauern, hinauszögern.
изнемога́ть (uv.): erschöpft sein, nicht mehr können, zusammenbrechen.
заму́чить (v.): zu Tode quälen.
невыноси́мый: unerträglich.
заговори́ть (v.): voll-, totreden.
оспа́ривать (uv.): anfechten, bestreiten.
хло́пать (uv.): klopfen, klappern, schlagen.

Ветер поднялся, я закрою окно. (*Закрывает.*) Сейчас будет дождь. Никто у тебя твоих прав не оспаривает.

Пауза; сторож в саду стучит и поет песню.

Серебряков. Всю жизнь работать для науки, привыкнуть к своему кабинету, к аудитории, к почтенным товарищам – и вдруг, ни с того ни с сего, очутиться в этом склепе, каждый день видеть тут глупых людей, слушать ничтожные разговоры... Я хочу жить, я люблю успех, люблю известность, шум, а тут – как в ссылке. Каждую минуту тосковать о прошлом, следить за успехами других, бояться смерти... Не могу! Нет сил! А тут еще не хотят простить мне моей старости!

Елена Андреевна. Погоди, имей терпение: через пять-шесть лет и я буду стара.

Входит Соня.

Соня. Папа, ты сам приказал послать за доктором Астровым, а когда он приехал, ты отказываешься принять его. Это неделикатно. Только напрасно побеспокоили человека...

Серебряков. На что мне твой Астров? Он столько же понимает в медицине, как я в астрономии.

Соня. Не выписывать же сюда для твоей подагры целый медицинский факультет.

Серебряков. С этим юродивым я и разговаривать не стану.

Соня. Это как угодно. (*Садится.*) Мне все равно.

Серебряков. Который теперь час?

Елена Андреевна. Первый.

Серебряков. Душно... Соня, дай мне со стола капли!

Соня. Сейчас. (*Подает капли.*)

Серебряков (*раздраженно*). Ах, да не эти! Ни о чем нельзя попросить!

почте́нный: gewichtig, angesehen.
ни с того̀, ни с сего̀: mir nichts dir nichts, aus heiterem Himmel.
очути́ться (v.): sich wiederfinden.
склеп: Gruft.
ссы́лка: Verbannung.
неделика́тный: unhöflich, taktlos.
побеспоко́ить (v.): belästigen.
На что мне (umg.): Was soll ich mit … .
выпи́сывать (uv.): bestellen.
юро́дивый: hier: wunderlich, kauzig, ein bisschen verrückt.
Э́то как уго́дно (umg.): Wie du willst.

Соня. Пожалуйста, не капризничай. Может быть, это некоторым и нравится, но меня избавь, сделай милость! Я этого не люблю. И мне некогда, мне нужно завтра рано вставать, у меня сенокос.

Входит Войницкий в халате и со свечой.

Войницкий. На дворе гроза собирается.

Молния.

Вона как! Helene и Соня, идите спать, я пришел вас сменить.

Серебряков (*испуганно*). Нет, нет! Не оставляйте меня с ним! Нет. Он меня заговорит!

Войницкий. Но надо же дать им покой! Они уже другую ночь не спят.

Серебряков. Пусть идут спать, но и ты уходи. Благодарю. Умоляю тебя. Во имя нашей прежней дружбы, не протестуй. После поговорим.

Войницкий (*с усмешкой*). Прежней нашей дружбы... Прежней...

Соня. Замолчи, дядя Ваня.

Серебряков (*жене*). Дорогая моя, не оставляй меня с ним! Он меня заговорит.

Войницкий. Это становится смешно.

Входит Марина со свечой.

Соня. Ты бы ложилась, нянечка. Уже поздно.

Марина. Самовар со стола не убран. Не очень-то ляжешь.

Серебряков. Все не спят, изнемогают, один только я блаженствую.

Марина (*подходит к Серебрякову, нежно*). Что, батюшка? Больно? У меня у самой ноги гудут, так и гудут. (*Поправляет плед.*) Это у вас давняя болезнь. Вера Петровна, покойница, Со-

---

капри́зничать (uv.): launisch sein, herumzicken, sich anstellen.
изба́вить (v.): befreien, erlösen, verschonen.
сеноко́с: Heuernte.
Во́на как (umg.): gerade eben; habt ihr gesehen.
смени́ть (v.): ablösen.
Не о́чень-то ля́жешь (umg.): Von wegen schlafen gehen! (лечь, ля́гу, ля́жешь, v.: sich hinlegen).
густи́ (гудёт, гуду́т; uv.): weh tun.
да́вний: längst vergangen, alt.
поко́йница: Verschiedene, Verstorbene.

нечкина мать, бывало, ночи не спит, убивается... Очень уж она вас любила...

Пауза.

Старые, что малые, хочется, чтобы пожалел кто, а старых-то никому не жалко. (*Целует Серебрякова в плечо*). Пойдем, батюшка, в постель... Пойдем, светик... Я тебя липовым чаем напою, ножки твои согрею... Богу за тебя помолюсь...

Серебряков (*растроганный*). Пойдем, Марина.

Марина. У самой-то у меня ноги так и гудут, так и гудут! (*Ведет его вместе с Соней.*) Вера Петровна, бывало, все убивается, все плачет... Ты, Сонюшка, тогда была еще мала, глупа... Иди, иди, батюшка...

Серебряков, Соня и Марина уходят.

Елена Андреевна. Я замучилась с ним. Едва на ногах стою.

Войницкий. Вы с ним, а я с самим собою. Вот уже третью ночь не сплю.

Елена Андреевна. Неблагополучно в этом доме. Ваша мать ненавидит все, кроме своих брошюр и профессора; профессор раздражен, мне не верит, вас боится; Соня злится на отца, злится на меня и не говорит со мною вот уже две недели; вы ненавидите мужа и открыто презираете свою мать; я раздражена и сегодня раз двадцать принималась плакать... Неблагополучно в этом доме.

Войницкий. Оставим философию!

Елена Андреевна. Вы, Иван Петрович, образованны и умны, и, кажется, должны бы понимать, что мир погибает не от разбойников, не от пожаров, а от ненависти, вражды, от всех этих мелких дрязг... Ваше бы дело не ворчать, а мирить всех.

убива́ться (uv.): vor Kummer nicht mehr ein und aus wissen, sich grämen.
све́тик: mein Liebster.
ли́повый чай: Lindenblütentee.
согре́ть (v.): wärmen.
растро́ганный: gerührt.
я с са́мим собо́ю: ich mit mir selbst.
зли́ться (umg., uv.): böse sein, sich ärgern.
презира́ть (uv.): verachten.
дря́зги (Pl.): Gezänk, Streiterei.
ворча́ть (uv.): knurren, grollen, sich empören.

Войницкий. Сначала помирите меня с самим собою! Дорогая моя... (*Припадает к ее руке.*)

Елена Андреевна. Оставьте! (*Отнимает руку.*) Уходите!

Войницкий. Сейчас пройдет дождь, и все в природе освежится и легко вздохнет. Одного только меня не освежит гроза. Днем и ночью, точно домовой, душит меня мысль, что жизнь моя потеряна безвозвратно. Прошлого нет, оно глупо израсходовано на пустяки, а настоящее ужасно по своей нелепости. Вот вам моя жизнь и моя любовь: куда мне их девать, что мне с ними делать? Чувство мое гибнет даром, как луч солнца, попавший в яму, и сам я гибну.

Елена Андреевна. Когда вы мне говорите о своей любви, я как-то тупею и не знаю, что говорить. Простите, я ничего не могу сказать вам. (*Хочет идти.*) Спокойной ночи.

Войницкий (*загораживая ей дорогу*). И если бы вы знали, как я страдаю от мысли, что рядом со мною в этом же доме гибнет другая жизнь – ваша! Чего вы ждете? Какая проклятая философия мешает вам? Поймите же, поймите...

Елена Андреевна (*пристально смотрит на него*). Иван Петрович, вы пьяны!

Войницкий. Может быть, может быть...

Елена Андреевна. Где доктор?

Войницкий. Он там... у меня ночует. Может быть, может быть... Все может быть!

Елена Андреевна. И сегодня пили? К чему это?

припада́ть (uv.): sich anschmiegen.
домово́й: Hausgeist, Poltergeist, Alb. – Der Hausgeist, meist ein kleines, haariges Wesen, darf nach russischem Volksglauben in keinem Haus fehlen. Er ist der gutmütige Beschützer des Hauses und der Hausbewohner, kann sich aber, wenn er geärgert wird, als bösartiger Geist entpuppen.
души́ть (uv.): würgen, quälen, zermürben.
израсхо́довать (v.): verbrauchen, vertun.
неле́пость (f.): Widersinn, Irrsinn, Sinnlosigkeit, Absurdität.
дева́ть (uv.): (hin)tun.
да́ром (adv.): umsonst, unnütz.
я́ма: Grube.
тупе́ть (uv.): abstumpfen, stumpfsinnig werden.
загора́живать (uv.): versperren.
при́стальный: starr, unverwandt, angespannt.

Войницкий. Все-таки на жизнь похоже... Не мешайте мне, Hélène!

Елена Андреевна. Раньше вы никогда не пили, и никогда вы так много не говорили... Идите спать! Мне с вами скучно.

Войницкий (*припадая к ее руке*). Дорогая моя... чудная!

Елена Андреевна (*с досадой*). Оставьте меня. Это, наконец, противно. (*Уходит.*)

Войницкий (*один*). Ушла...

Пауза.

Десять лет тому назад я встречал ее у покойной сестры. Тогда ей было семнадцать, а мне тридцать семь лет. Отчего я тогда не влюбился в нее и не сделал ей предложения? Ведь это было так возможно! И была бы она теперь моею женой... Да... Теперь оба мы проснулись бы от грозы; она испугалась бы грома, а я держал бы ее в своих объятиях и шептал: «Не бойся, я здесь». О, чудные мысли, как хорошо, я даже смеюсь... но, боже мой, мысли путаются в голове... Зачем я стар? Зачем она меня не понимает? Ее риторика, ленивая мораль, вздорные, ленивые мысли о погибели мира – все это мне глубоко ненавистно.

Пауза.

О, как я обманут! Я обожал этого профессора, этого жалкого подагрика, я работал на него как вол! Я и Соня выжимали из этого имения последние соки; мы, точно кулаки, торговали постным маслом, горохом, творогом, сами не доедали куска, чтобы из грошей и копеек собирать тысячи и посылать ему. Я гордился им

объя́тие: Umarmung.
вздо́рный: blödsinnig, ungereimt.
обожа́ть (uv.): anhimmeln, vergöttern, schwärmen.
пода́грик: Arthritiker; hier: Gichtknochen.
вол: Ochse, Stier.
выжима́ть (uv.): herauspressen.
кула́к: Kulak, Großbauer; eigtl.: Faust. – Im 19. Jahrhundert die Bezeichnung für einen relativ reichen und unabhängigen Bauern.
по́стное ма́сло: Sonnenblumenöl.
са́ми не доеда́ли куска́: haben uns das letzte Stück vom Munde abgespart (доеда́ть, uv.: aufessen).
гроши́ и копе́йки: Groschen. – грош, vom deutschen Wort Groschen abgeleitet: die alte russische Münze kam Mitte des 17. Jahrhunderts das erste Mal in Umlauf und entsprach zwei Kopeken.

и его наукой, я жил, я дышал им! Все, что он писал и изрекал, казалось мне гениальным... Боже, а теперь? Вот он в отставке, и теперь виден весь итог его жизни: после него не останется ни одной страницы труда, он совершенно неизвестен, он ничто! Мыльный пузырь! И я обманут... вижу, – глупо обманут...

Входит Астров в сюртуке, без жилета и галстука; он навеселе; за ним Телегин с гитарой.

Астров. Играй!

Телегин. Все спят-с!

Астров. Играй!

Телегин тихо наигрывает.

(*Войницкому.*) Ты один здесь? Дам нет? (*Подбоченясь, тихо поет.*) «Ходи хата, ходи печь, хозяину негде лечь...» А меня гроза разбудила. Важный дождик. Который теперь час?

Войницкий. А черт его знает.

Астров. Мне как будто послышался голос Елены Андреевны.

Войницкий. Сейчас она была здесь.

Астров. Роскошная женщина. (*Осматривает склянки на столе.*) Лекарства. Каких только тут нет рецептов! И харьковские, и московские, и тульские... Всем городам надоел своею подагрой. Он болен или притворяется?

Войницкий. Болен.

Пауза.

Астров. Что ты сегодня такой печальный? Профессора жаль, что ли?

Войницкий. Оставь меня.

изрека́ть (alt., uv.): von sich geben, äußern.
ито́г: Bilanz.
мы́льный пузы́рь: Seifenblase.
сюрту́к: Gehrock.
навеселе́ (adv.): angeheitert, beschwipst.
подбоче́ниться (uv.): die Hände in die Hüften stemmen.
ходи́ ха́та: komm her, Hütte; hier: die Hütte schwankt. Das geflügelte Wort stammt aus einem Volkslied (častuška). Die zwei folgenden Verse lauten: «Буду „барыню“ плясать , буду дроби выбивать.» («Ich werde den „Barynja“ tanzen, werde Trommelwirbel schlagen»). Barynja («Fräulein»): russischer Volkstanz, in dem ein einfacher Mann einer sozial höher gestellten Frau den Hof macht.
ва́жный: stark, gewaltig.
скля́нки: Fläschchen.
притворя́ться (uv.): so tun als ob, sich anstellen.

Астров. А то, может быть, в профессоршу влюблен?
Войницкий. Она мой друг.
Астров. Уже?
Войницкий. Что значит это «уже»?
Астров. Женщина может быть другом мужчины лишь в такой последовательности: сначала приятель, потом любовница, а затем уж друг.
Войницкий. Пошляческая философия.
Астров. Как? Да... Надо сознаться – становлюсь пошляком. Видишь, я и пьян. Обыкновенно я напиваюсь так один раз в месяц. Когда бываю в таком состоянии, то становлюсь нахальным и наглым до крайности. Мне тогда все нипочем! Я берусь за самые трудные операции и делаю их прекрасно; я рисую самые широкие планы будущего; в это время я уже не кажусь себе чудаком и верю, что приношу человечеству громадную пользу... громадную! И в это время у меня своя собственная философская система, и все вы, братцы, представляетесь мне такими букашками... микробами. (*Телегину.*) Вафля, играй!
Телегин. Дружочек, я рад бы для тебя всею душой, но пойми же, – в доме спят!
Астров. Играй!
Телегин тихо наигрывает.
Выпить бы надо. Пойдем, там, кажется, у нас еще коньяк остался. А как рассветет, ко мне поедем. Идёть? У меня есть фельдшер, который никогда не скажет «идет», а «идёть». Мошенник страшный. Так идёть? (*Увидев входящую Соню.*) Извините, я без галстука. (*Быстро уходит: Телегин идет за ним.*)

послéдовательность (f.): Ab-, Reihenfolge.
пошля́ческий: mies, ekelhaft. (пошля́к: einfältiger Mensch, Dumpfbacke).
наха́льный: unverschämt, flegelhaft.
на́глый: frech, dreist.
до кра́йности: zum Äußersten; zum Exzess.
нипочём: ganz leicht.
бра́ться (uv.): über-, vornehmen.
бука́шка: Käfer.
идёть: in Ordnung; einverstunden. Wortspiel: aus идёт = «geht, in Ordnung, klar, einverstanden» macht Čechov durch Anfügen eines Weichheitszeichens eine verballhornte Form des Ausgangswortes.
моше́нник: Halunke, Betrüger.

С о н я . А ты, дядя Ваня, опять напился с доктором. Подружились ясные соколы. Ну, тот уж всегда такой, а ты-то с чего? В твои годы это совсем не к лицу.
В о й н и ц к и й . Годы тут ни при чем. Когда нет настоящей жизни, то живут миражами. Все-таки лучше, чем ничего.
С о н я . Сено у нас все скошено, идут каждый день дожди, все гниет, а ты занимаешься миражами. Ты совсем забросил хозяйство... Я работаю одна, совсем из сил выбилась... (*Испуганно.*) Дядя, у тебя на глазах слезы!
В о й н и ц к и й . Какие слезы? Ничего нет... вздор... Ты сейчас взглянула на меня, как покойная твоя мать. Милая моя... (*Жадно целует ее руки и лицо.*) Сестра моя... милая сестра моя... где она теперь? Если бы она знала! Ах, если бы она знала!
С о н я . Что? Дядя, что знала?
В о й н и ц к и й . Тяжело, нехорошо... Ничего... После... Ничего... Я уйду... (*Уходит.*)
С о н я (*стучит в дверь*). Михаил Львович! Вы не спите? На минутку!
А с т р о в (*за дверью*). Сейчас! (*Немного погодя входит: он уже в жилетке и галстуке.*) Что прикажете?
С о н я . Сами вы пейте, если это вам не противно, но, умоляю, не давайте пить дяде. Ему вредно.
А с т р о в . Хорошо. Мы не будем больше пить.
Пауза.
Я сейчас уеду к себе. Решено и подписано. Пока запрягут, будет уже рассвет.
С о н я . Дождь идет. Погодите до утра.
А с т р о в . Гроза идет мимо, только краем захватит. Поеду. И, пожалуйста, больше не приглашайте меня к вашему отцу. Я ему го-

---

Подружи́лись я́сные со́колы: da haben sich zwei gefunden; (со́кол: Falke; Kosename für einen Mann hier: die richtigen Liebchen/Herzblätter; подружи́ться, v.: sich anfreunden).
а ты-то с чего́? (umg.): aber warum ausgerechnet du?
Го́ды тут ни при чём (umg.): Mit dem Alter hat das nichts zu tun.
мира́ж: Fata Morgana, Trugbild, Illusion.
скоси́ть (скошу́, ско́сишь; v.): (ab)mähen.
гнить (гниёт, гнию́т; uv.): verfaulen, -modern.
жа́дный: stürmisch.
вре́дный: schädlich, ungesund.
запря́чь (запрягу́, запряжёшь; v.): anspannen (Gespann).

ворю – подагра, а он – ревматизм, я прошу лежать, он сидит. А сегодня так и вовсе не стал говорить со мною.

Соня. Избалован. (*Ищет в буфете.*) Хотите закусить?

Астров. Пожалуй, дайте.

Соня. Я люблю по ночам закусывать. В буфете, кажется, что-то есть. Он в жизни, говорят, имел большой успех у женщин, и его дамы избаловали. Вот берите сыр.

Оба стоят у буфета и едят.

Астров. Я сегодня ничего не ел, только пил. У вашего отца тяжелый характер. (*Достает из буфета бутылку.*) Можно? (*Выпивает рюмку.*) Здесь никого нет, и можно говорить прямо. Знаете, мне кажется, что в вашем доме я не выжил бы месяца, задохнулся бы в этом воздухе... Ваш отец, который весь ушел в свою подагру и в книги, дядя Ваня со своею хандрой, ваша бабушка, наконец, ваша мачеха...

Соня. Что мачеха?

Астров. В человеке должно быть все прекрасно: и лицо, и одежда, и душа, и мысли. Она прекрасна, спора нет, но... ведь она только ест, спит, гуляет, чарует всех нас своею красотой – и больше ничего. У нее нет никаких обязанностей, на нее работают другие... Ведь так? А праздная жизнь не может быть чистою.

Пауза.

Впрочем, быть может, я отношусь слишком строго. Я не удовлетворен жизнью, как ваш дядя Ваня, и оба мы становимся брюзгами.

Соня. А вы недовольны жизнью?

Астров. Вообще жизнь люблю, но нашу жизнь, уездную, русскую, обывательскую, терпеть не могу и презираю ее всеми силами моей души. А что касается моей собственной, личной жиз-

---

избало́ванный: verwöhnt, verhätschelt.
задохну́ться (v.): ersticken.
хандра́: Schwermut, Trübsal, Weltschmerz.
ма́чеха: Stiefmutter.
спо́ра нет: hier: keine Frage (спор: Streit).
чарова́ть (uv.): verzaubern, betören.
пра́здная жизнь: müßiges Leben.
относи́ться (uv.): eingestellt sein, verhalten, behandeln, urteilen.
брюзга́: Griesgram, Meckerfritze, Miesepeter, Nörgler.
уе́здный: hier: provinziell (уе́зд: Landkreis).
обыва́тельский: spießig, spießbürgerlich, kleinkariert.

ни, то, ей-богу, в ней нет решительно ничего хорошего. Знаете, когда идешь темною ночью по лесу, и если в это время вдали светит огонек, то не замечаешь ни утомления, ни потемок, ни колючих веток, которые бьют тебя по лицу... Я работаю, – вам это известно, – как никто в уезде, судьба бьет меня, не переставая, порой страдаю я невыносимо, но у меня вдали нет огонька. Я для себя уже ничего не жду, не люблю людей... Давно уже никого не люблю.

Соня. Никого?

Астров. Никого. Некоторую нежность я чувствую только к вашей няньке – по старой памяти. Мужики однообразны очень, неразвиты, грязно живут, а с интеллигенцией трудно ладить. Она утомляет. Все они, наши добрые знакомые, мелко мыслят, мелко чувствуют и не видят дальше своего носа – просто-напросто глупы. А те, которые поумнее и покрупнее, истеричны, заедены анализом, рефлексом... Эти ноют, ненавистничают, болезненно клевещут, подходят к человеку боком, смотрят на него искоса и решают: «О, это психопат!» или: «Это фразер!» А когда не знают, какой ярлык прилепить к моему лбу, то говорят: «Это странный человек, странный!» Я люблю лес – это странно; я не ем мяса – это тоже странно. Непосредственного, чистого, свободного отношения к природе и к людям уже нет... Нет и нет! (*Хочет выпить.*)

Соня (*мешает ему*). Нет, прошу вас, умоляю, не пейте больше.

Астров. Отчего?

утомле́ние: Erschöpfung, Müdigkeit (утомля́ть, uv.: anstrengen, ermüden, strapazieren).
потёмки: Dunkelheit.
колю́чий: stechend, stachlig.
поро́й: bisweilen, von Zeit zu Zeit.
неразвито́й: rückständig, wenig entwickelt.
ла́дить (uv.): gut zurechtkommen, auskommen.
зае́сть (v.): zerstechen, zerfressen.
ныть (но́ю, но́ешь; uv.): nörgeln, jammern.
ненави́стничать (umg., uv.) = ненави́деть (uv.): hassen.
клевета́ть (uv.): verleumden, lästern.
бо́ком: seitlich, schief.
и́скоса: von der Seite her, schief.
фразёр: Phrasendrescher.
ярлы́к: Etikett.
прилепи́ть (v.): ankleben, anheften.

Соня. Это так не идет к вам! Вы изящны, у вас такой нежный голос... Даже больше, вы, как никто из всех, кого я знаю, – вы прекрасны. Зачем же вы хотите походить на обыкновенных людей, которые пьют и играют в карты? О, не делайте этого, умоляю вас! Вы говорите всегда, что люди не творят, а только разрушают то, что им дано свыше. Зачем же, зачем вы разрушаете самого себя? Не надо, не надо, умоляю, заклинаю вас.

Астров (*протягивает ей руку*). Не буду больше пить.

Соня. Дайте мне слово.

Астров. Честное слово.

Соня (*крепко пожимает руку*). Благодарю!

Астров. Баста! Я отрезвел. Видите, я уже совсем трезв и таким останусь до конца дней моих. (*Смотрит на часы.*) Итак, будем продолжать. Я говорю: мое время уже ушло, поздно мне... Постарел, заработался, испошлился, притупились все чувства, и, кажется, я уже не мог бы привязаться к человеку. Я никого не люблю и... уже не полюблю. Что меня еще захватывает, так это красота. Неравнодушен я к ней. Мне кажется, что если бы вот Елена Андреевна захотела, то могла бы вскружить мне голову в один день... Но ведь это не любовь, не привязанность... (*Закрывает рукой глаза и вздрагивает.*)

Соня. Что с вами?

Астров. Так... В великом посту у меня больной умер под хлороформом.

Соня. Об этом пора забыть.

Пауза.

Скажите мне, Михаил Львович... Если бы у меня была подруга или младшая сестра, и если бы вы узнали, что она... ну, положим, любит вас, то как бы вы отнеслись к этому?

изя́щный: elegant, fein.
что им дано́ свы́ше: was ihnen von oben gegeben worden ist.
заклина́ть (uv.): beschwören.
отрезве́ть (v.): nüchtern werden (тре́звый: nüchtern).
испо́шлиться (v.): banal werden, verflachen.
привяза́ться (привяжу́сь, привя́жешься; v.): eine Beziehung aufbauen, sich anbinden.
неравноду́шный: nicht gleichgültig.
вскружи́ть (v.): den Kopf verdrehen, schwindlig machen.
привя́занность (f.): Zuneigung.
вздра́гивать (uv.): zusammenfahren, -zucken, erzittern.

Астров (*пожав плечами*). Не знаю. Должно быть, никак. Я дал бы ей понять, что полюбить ее не могу... да и не тем моя голова занята. Как-никак, а если ехать, то уже пора. Прощайте, голубушка, а то мы так до утра не кончим. (*Пожимает руку.*) Я пройду через гостиную, если позволите, а то боюсь, как бы ваш дядя меня не задержал. (*Уходит.*)

Соня (*одна*). Он ничего не сказал мне... Душа и сердце его все еще скрыты от меня, но отчего же я чувствую себя такою счастливою? (*Смеется от счастья.*) Я ему сказала: вы изящны, благородны, у вас такой нежный голос... Разве это вышло некстати? Голос его дрожит, ласкает... вот я чувствую его в воздухе. А когда я сказала ему про младшую сестру, он не понял... (*Ломая руки.*) О, как это ужасно, что я некрасива! Как ужасно! А я знаю, что я некрасива, знаю, знаю... В прошлое воскресенье, когда выходили из церкви, я слышала, как говорили про меня, и одна женщина сказала: «Она добрая, великодушная, но жаль, что она так некрасива...» Некрасива...

Входит Елена Андреевна.

Елена Андреевна (*открывает окна*). Прошла гроза. Какой хороший воздух!

Пауза.

Где доктор?

Соня. Ушел.

Пауза.

Елена Андреевна. Софи!

Соня. Что?

Елена Андреевна. До каких пор вы будете дуться на меня? Друг другу мы не сделали никакого зла. Зачем же нам быть врагами? Полноте...

Соня. Я сама хотела... (*Обнимает ее.*) Довольно сердиться.

Елена Андреевна. И отлично.

нико́к: in keiner Weise, gar nicht.
да и не тем (umg.): und außerdem, darüber hinaus.
как-нико́к: wie dem auch sei.
голу́бушка: meine Liebe, mein Täubchen.
некста́ти: unpassend, zur unrechten Zeit.
лома́ть (uv.): hier: ringen.
ду́ться (uv.): schmollen, böse/gekränkt sein.
по́лноте: es reicht, Schluss damit.

Обе взволнованы.

Соня. Папа лег?

Елена Андреевна. Нет, сидит в гостиной... Не говорим мы друг с другом по целым, неделям и бог знает из-за чего... (*Увидев, что буфет открыт.*) Что это?

Соня. Михаил Львович ужинал.

Елена Андреевна. И вино есть... Давайте выпьем брудершафт.

Соня. Давайте.

Елена Андреевна. Из одной рюмочки... (*Наливает.*) Этак лучше. Ну, значит – ты?

Соня. Ты.

Пьют и целуются.

Я давно уже хотела мириться, да все как-то совестно было... (*Плачет.*)

Елена Андреевна. Что же ты плачешь?

Соня. Ничего, это я так.

Елена Андреевна. Ну, будет, будет... (*Плачет.*) Чудачка, и я заплакала...

Пауза.

Ты на меня сердита за то, что я будто вышла за твоего отца по расчету... Если веришь клятвам, то клянусь тебе, – я выходила за него по любви. Я увлеклась им, как ученым и известным человеком. Любовь была не настоящая, искусственная, но ведь мне казалось тогда, что она настоящая. Я не виновата. А ты с самой нашей свадьбы не переставала казнить меня своими умными подозрительными глазами.

Соня. Ну, мир, мир! Забудем.

Елена Андреевна. Не надо смотреть так – тебе это не идет. Надо всем верить, иначе жить нельзя.

Пауза.

Соня. Скажи мне по совести, как друг... Ты счастлива?

Елена Андреевна. Нет.

со́вестно: peinlich, unangenehm, wofür man sich schämen muss.
чуда́чка: komisches Huhn, dumme Henne.
по расчёту: aus Berechnung.
кля́тва: Schwur.
казни́ть (uv.): quälen, foltern, strafen.
подозри́тельный: verdächtig, misstrauisch, argwöhnisch.

Соня. Я это знала. Еще один вопрос. Скажи откровенно, – ты хотела бы, чтобы у тебя был молодой муж?

Елена Андреевна. Какая ты еще девочка. Конечно, хотела бы. (*Смеется.*) Ну, спроси еще что-нибудь, спроси...

Соня. Тебе доктор нравится?

Елена Андреевна. Да, очень.

Соня (*смеется*). У меня глупое лицо... да? Вот он ушел, а я все слышу его голос и шаги, а посмотрю на темное окно, – там мне представляется его лицо. Дай мне высказаться... Но я не могу говорить так громко, мне стыдно. Пойдем ко мне в комнату, там поговорим. Я тебе кажусь глупою? Сознайся... Скажи мне про него что-нибудь...

Елена Андреевна. Что же?

Соня. Он умный... Он все умеет, все может... Он и лечит, и сажает лес...

Елена Андреевна. Не в лесе и не в медицине дело... Милая моя, пойми, это талант! А ты знаешь, что значит талант? Смелость, свободная голова, широкий размах... Посадит деревцо и уже загадывает, что будет от этого через тысячу лет, уже мерещится ему счастье человечества. Такие люди редки, их нужно любить... Он пьет, бывает грубоват, – но что за беда? Талантливый человек в России не может быть чистеньким. Сама подумай, что за жизнь у этого доктора! Непролазная грязь на дорогах, морозы, метели, расстояния громадные, народ грубый, дикий, кругом нужда, болезни, а при такой обстановке тому, кто работает и борется изо дня в день, трудно сохранить себя к сорока годам чистеньким и трезвым... (*Целует ее.*) Я от души тебе желаю, ты стоишь счастья... (*Встает.*) А я нудная, эпизодическое лицо... И в музыке, и в доме мужа, во всех романах – везде, од-

---

вы́сказаться (v.): sich äußern, aussprechen.
разма́х: Spanne, Breite; hier: weiter Horizont, Enthusiasmus.
мере́щиться (uv.): träumen, vor sich sehen.
грубова́тый: barsch, grob.
но что за беда́? (umg.): Was ist das schon? (беда́: Unglück, Leid).
чи́стенький: rein; hier: Moralapostel, verkörperte Unschuld.
непроля́зный: unüberwindlich, undurchdringlich.
грязь (f.): Dreck, Matsch, Schlamm.
эпизоди́ческое лицо́: Episodenfigur, temporäre Erscheinung.
рома́н: Roman; hier (alt.): Liebesabenteuer, Affäre.

ним словом, я была только эпизодическим лицом. Собственно говоря, Соня, если вдуматься, то я очень, очень несчастна! (*Ходит в волнении по сцене.*) Нет мне счастья на этом свете. Нет! Что ты смеешься?

Соня (*смеется, закрыв лицо*). Я так счастлива... счастлива!

Елена Андреевна. Мне хочется играть... Я сыграла бы теперь что-нибудь.

Соня. Сыграй! (*Обнимает ее.*) Я не могу спать... Сыграй!

Елена Андреевна. Сейчас. Твой отец не спит. Когда он болен, его раздражает музыка. Поди спроси. Если он ничего, то сыграю. Поди.

Соня. Сейчас. (*Уходит.*)

В саду стучит сторож.

Елена Андреевна. Давно уже я не играла. Буду играть и плакать, плакать, как дура. (*В окно.*) Это ты стучишь, Ефим?

Голос сторожа. Я!

Елена Андреевна. Не стучи, барин нездоров.

Голос сторожа. Сейчас уйду! (*Подсвистывает.*) Эй вы, Жучка, Мальчик! Жучка!

Пауза.

Соня (*вернувшись*). Нельзя!

Занавес

ду́ра: dumme Gans/Pute, Dummerchen.
подсви́стывать (uv.): pfeifen.

Действие третье

Гостиная в доме Серебрякова. Три двери: направо, налево и посредине. День. – Войницкий, Соня (сидят) и Елена Андреевна (ходит по сцене, о чем-то думая).

Войницкий. Герр профессор изволил выразить желание, чтобы сегодня все мы собрались вот в этой гостиной к часу дня. (*Смотрит на часы.*) Без четверти час. Хочет о чем-то поведать миру.

Елена Андреевна. Вероятно, какое-нибудь дело.

Войницкий. Никаких у него нет дел. Пишет чепуху, брюзжит и ревнует, больше ничего.

Соня (*тоном упрека*). Дядя!

Войницкий. Ну, ну, виноват. (*Указывает на Елену Андреевну.*) Полюбуйтесь: ходит и от лени шатается. Очень мило! Очень!

Елена Андреевна. Вы целый день жужжите, всё жужжите – как не надоест! (*С тоской.*) Я умираю от скуки, не знаю, что мне делать.

Соня (*пожимая плечами.*) Мало ли дела? Только бы захотела.

Елена Андреевна. Например?

Соня. Хозяйством занимайся, учи, лечи. Мало ли? Вот когда тебя и папы здесь не было, мы с дядей Ваней сами ездили на базар мукой торговать.

Елена Андреевна. Не умею. Да и неинтересно. Это только в идейных романах учат и лечат мужиков, а как я, ни с того ни с сего, возьму вдруг и пойду их лечить или учить?

Соня. А вот я так не понимаю, как это не идти и не учить. Погоди, и ты привыкнешь. (*Обнимает ее.*) Не скучай, родная. (*Смеясь.*) Ты скучаешь, не находишь себе места, а скука и праздность

изво́лить (iron., uv.): geruhen, wünschen.
пове́дать (v.): kundtun, verkünden.
брюзжа́ть (uv.): meckern, nörgeln.
упрёк: Vorwurf.
полюбова́ться (v.): hier: sich etwas anschauen, sich ergötzen.
жужжа́ть (uv.): brummen, knurren, säuseln.
торгова́ть (uv.): Handel treiben, verkaufen.
иде́йный рома́н: Ideenroman, idealistischer/ideologisch ausgerichteter Roman, Utopie.
пра́здность (f.): Müßiggang

заразительны. Смотри: дядя Ваня ничего не делает и только ходит за тобою, как тень, я оставила свои дела и
прибежала к тебе, чтобы поговорить. Обленилась, не могу! Доктор Михаил Львович прежде бывал у нас очень редко, раз в месяц, упросить его было трудно, а теперь он ездит сюда каждый день, бросил и свои леса и медицину. Ты колдунья, должно быть.

Войницкий. Что томитесь? (*Живо.*) Ну, дорогая моя, роскошь, будьте умницей! В ваших жилах течет русалочья кровь, будьте же русалкой! Дайте себе волю хоть раз в жизни, влюбитесь поскорее в какого-нибудь водяного по самые уши – и бултых с головой в омут, чтобы герр профессор и все мы только руками развели!

Елена Андреевна (*с гневом*). Оставьте меня в покое! Как это жестоко! (*Хочет уйти.*)

Войницкий (*не пускает ее*). Ну, ну, моя радость, простите... Извиняюсь. (*Целует руку.*) Мир.

Елена Андреевна. У ангела не хватило бы терпения, согласитесь.

Войницкий. В знак мира и согласия я принесу сейчас букет роз; еще утром для вас приготовил... Осенние розы – прелестные, грустные розы... (*Уходит.*)

Соня. Осенние розы – прелестные, грустные розы...

Обе смотрят в окно.

зарази́тельный: ansteckend.
облени́ться (v.): faul/träge werden.
не могу́ (umg.): hier: das gibt es nicht, unglaublich.
упроси́ть (v.): händeringend bitten, beschwören; bewegen.
колду́нья: Zauberin.
томи́ться (uv.): sich verzehren, sich quälen, sich sehnen.
ро́скошь (f.): Luxus; hier: meine Teure/Einzigartige/Prächtige.
жи́ла: Ader.
руса́лочья кровь: Nixenblut. руса́лка: Meerjungfrau, Nixe. In der russischen Mythologie sind *rusalki* ertrunkene Jungfrauen oder vom Wassergeist (водяно́й) entführte, auf dem Flussgrund lebende Frauen, die nachts mit ihrem Gelächter Personen in ihren tödlichen Bann ziehen. Aleksandr Puškin schrieb darüber ein (unvollendetes) Drama: «Rusalka» (1829–32). Antonín Dvořák komponierte die Oper «Rusalka» (1901).
по са́мые у́ши: bis über beide Ohren.
бульты́х: platsch.
о́мут: Strudel, Wasserwirbel.
рука́ми развести́ (v.): die Hände überm Kopf zusammenschlagen.

Елена Андреевна. Вот уже и сентябрь. Как-то мы проживем здесь зиму!

Пауза.

Где доктор?

Соня. В комнате у дяди Вани. Что-то пишет. Я рада, что дядя Ваня ушел, мне нужно поговорить с тобою.

Елена Андреевна. О чем?

Соня. О чем? (*Кладет ей голову на грудь.*)

Елена Андреевна. Ну, полно, полно... (*Приглаживает ей волосы.*) Полно.

Соня. Я некрасива.

Елена Андреевна. У тебя прекрасные волосы.

Соня. Нет! (*Оглядывается, чтобы взглянуть на себя в зеркало.*) Нет! Когда женщина некрасива, то ей говорят: «У вас прекрасные глаза, у вас прекрасные волосы»... Я его люблю уже шесть лет, люблю больше, чем свою мать; я каждую минуту слышу его, чувствую пожатие его руки; и я смотрю на дверь, жду, мне все кажется, что он сейчас войдет. И вот, ты видишь, я все прихожу к тебе, чтобы поговорить о нем. Теперь он бывает здесь каждый день, не смотрит на меня, не видит... Это такое страдание! У меня нет никакой надежды, нет, нет! (*В отчаянии.*) О боже, пошли мне силы... Я всю ночь молилась... Я часто подхожу к нему, сама заговариваю с ним, смотрю ему в глаза... У меня уже нет гордости, нет сил владеть собою... Не удержалась и вчера призналась дяде Ване, что люблю... И вся прислуга знает, что я его люблю. Все знают.

Елена Андреевна. А он?

Соня. Нет. Он меня не замечает.

Елена Андреевна (*в раздумье*). Странный он человек... Знаешь что? Позволь, я поговорю с ним... Я осторожно, намеками...

Пауза.

Право, до каких же пор быть в неизвестности... Позволь!

Соня утвердительно кивает головой.

по́лно: genug.
пригла́живать (uv.): streichen.
огля́дываться (uv.): sich umschauen, -drehen.
удержа́ться (v.): sich beherrschen, der Versuchung widerstehen.
намёк: Andeutung, Anspielung.
утверди́тельный: bejahend, bestätigend.

И прекрасно. Любит или не любит – это не трудно узнать. Ты не смущайся, голубка, не беспокойся, – я допрошу его осторожно, он и не заметит. Нам только узнать: да или нет?
Пауза.
Если нет, то пусть не бывает здесь. Так?
Соня утвердительно кивает головой.
Легче, когда не видишь. Откладывать в долгий ящик не будем, допросим его теперь же. Он собирался показать мне какие-то чертежи... Поди скажи, что я желаю его видеть.
Соня (*в сильном волнении*). Ты мне скажешь всю правду?
Елена Андреевна. Да, конечно. Мне кажется, что правда, какая бы она ни была, все-таки не так страшна, как неизвестность. Положись на меня, голубка.
Соня. Да... да... Я скажу, что ты хочешь видеть его чертежи... (*Идет и останавливается возле двери.*) Нет, неизвестность лучше... Все-таки надежда...
Елена Андреевна. Что ты?
Соня. Ничего. (*Уходит.*)
Елена Андреевна (*одна*). Нет ничего хуже, когда знаешь чужую тайну и не можешь помочь. (*Раздумывая.*) Он не влюблен в нее – это ясно, но отчего бы ему не жениться на ней? Она некрасива, но для деревенского доктора, в его годы, это была бы прекрасная жена. Умница, такая добрая, чистая... Нет, это не то, не то...
Пауза.
Я понимаю эту бедную девочку. Среди отчаянной скуки, когда вместо людей кругом бродят какие-то серые пятна, слышатся одни пошлости, когда только и знают, что едят, пьют, спят, иногда приезжает он, не похожий на других, красивый, интересный, увлекательный, точно среди потемок восходит месяц ясный... Поддаться обаянию такого человека, забыться... Кажется, я сама

смуща́ться (uv.): verwirrt sein, aufregen.
допроси́ть (v.): verhören, vernehmen, auszuhorchen versuchen.
откла́дывать (uv.) **в до́лгий я́щик:** auf die lange Bank schieben.
чертёж: technische Zeichnung.
положи́ться (v.): sich verlassen auf.
броди́ть (uv.): gären, sprudeln.
по́шлость (f.): Banalität, Gemeinheit, Niedertracht, fieses Benehmen.
подда́ться (v.): sich er-, hingeben.

увлеклась немножко. Да, мне без него скучно, я вот улыбаюсь, когда думаю о нем... Этот дядя Ваня говорит, будто в моих жилах течет русалочья кровь. «Дайте себе волю хоть раз в жизни»... Что ж? Может быть, так и нужно... Улететь бы вольною птицей от всех вас, от ваших сонных физиономий, от разговоров, забыть, что все вы существуете на свете... Но я труслива, застенчива... Меня замучит совесть... Вот он бывает здесь каждый день, я угадываю, зачем он здесь, и уже чувствую себя виноватою, готова пасть перед Соней на колени, извиняться, плакать...

Астров (*входит с картограммой*). Добрый день! (*Пожимает руку.*) Вы хотели видеть мою живопись?

Елена Андреевна. Вчера вы обещали показать мне свои работы... Вы свободны?

Астров. О, конечно. (*Растягивает на ломберном столе картограмму и укрепляет ее кнопками.*) Вы где родились?

Елена Андреевна (*помогая ему*). В Петербурге.

Астров. А получили образование?

Елена Андреевна. В консерватории.

Астров. Для вас, пожалуй, это неинтересно.

Елена Андреевна. Почему? Я, правда, деревни не знаю, но я много читала.

Астров. Здесь в доме есть мой собственный стол... В комнате у Ивана Петровича. Когда я утомлюсь совершенно, до полного отупения, то все бросаю и бегу сюда, и вот забавляюсь этой штукой час-другой... Иван Петрович и Софья Александровна щелкают на счетах, а я сижу подле них за своим столом и мажу – и

обая́ние: Reiz, Zauber, Charme.
со́нный: schläfrig, verschlafen.
физионо́мия: Gesicht; Erscheinung, Gestalt.
картогра́мма: Kartogramm (thematische Karte, die für bestimmte Bezugsflächen berechnete Werte darstellt, z. B. ein Flächen- oder Punktkartogramm). Astrov dokumentiert auf Kartogrammen den sich verändernden Zustand der Wälder.
ло́мберный стол: Spieltisch (auf das Kartenspiel L'hombre / Lomber bezogen).
кно́пка: Reißzwecke.
отупе́ние: Abstumpfung, Verblödung.
забавля́ться (uv.): sich gut unterhalten, amüsieren.
час-друго́й (umg.): ein, zwei Stunden.
щёлкать (uv.): klappern.
счёты (Pl.): Abakus, Rechenbrett.
ма́зать (ма́жу, ма́жешь; uv.): (zu)schmieren, schlecht malen, zeichnen.

мне тепло, покойно, и сверчок кричит. Но это удовольствие я позволяю себе не часто, раз в месяц... (*Показывая на картограмме.*) Теперь смотрите сюда. Картина нашего уезда, каким он был 50 лет назад. Темно- и светло-зеленая краска означает леса; половина всей площади занята лесом. Где по зелени положена красная сетка, там водились лоси, козы... Я показываю тут и флору и фауну. На этом озере жили лебеди, гуси, утки, и, как говорят старики, птицы всякой была сила, видимо-невидимо: носилась она тучей. Кроме сел и деревень, видите, там и сям разбросаны разные выселки, хуторочки, раскольничьи скиты, водяные мельницы... Рогатого скота и лошадей было много. По голубой краске видно. Например, в этой волости голубая краска легла густо; тут были целые табуны, и на каждый двор приходилось по три лошади.

Пауза.

Теперь посмотрим ниже. То, что было двадцать пять лет назад. Тут уж под лесом только одна треть всей площади. Коз уже нет, но лоси есть. Зеленая и голубая краски уже бледнее. И так далее, и так далее. Переходим к третьей части: картина уезда в настоящем. Зеленая краска лежит кое-где, но не сплошь, а пятнами; ис-

---

сверчóк: Grille, Heimchen.
сéтка: Netz.
лось (m.): Elch.
козá: Ziege.
лéбедь (m. u. poet. f.): Schwan.
сúла: Gewalt; hier: Art.
вúдимо-невúдимо: unübersehbar viel, in Mengen.
носúться (uv.): eilen, rasen, sich ausbreiten.
сям: da, hier und da.
разбросáть (v.): verstreuen.
вы́селки (Pl.): Siedlung.
хуторóчка: Dim. zu хуторóк: kleines Gehöft.
раскóльничьи скиты́: Einsiedeleien von Altgläubigen. – Die Altgläubigen, die sich gegen die Reformen des Patriarchen Nikon wandten, hatten sich um 1666/67 von der offiziellen russisch-orthodoxen Kirche abgespalten und wurden von der Großkirche und zaristischen Behörden unnachgiebig verfolgt; sie siedelten sich in Randbereichen Russlands an.
мéльница: Mühle.
рогáтый скот: Hornvieh.
вóлость (f.): Amts-, Gemeindebezirk.
табýн: Herde.
сплошь: gänzlich, durchgehend.

чезли и лоси, и лебеди, и глухари... От прежних выселков, хуторков, скитов, мельниц и следа нет. В общем, картина постепенного и несомненного вырождения, которому, по-видимому, остается еще каких-нибудь 10-15 лет, чтобы стать полным. Вы скажете, что тут культурные влияния, что старая жизнь естественно должна была уступить место новой. Да, я понимаю, если бы на месте этих истребленных лесов пролегли шоссе, железные дороги, если бы тут были заводы, фабрики, школы – народ стал бы здоровее, богаче, умнее, но ведь тут ничего подобного! В уезде те же болота, комары, то же бездорожье, нищета, тиф, дифтерит, пожары... Тут мы имеем дело с вырождением вследствие непосильной борьбы за существование, это вырождение от косности, от невежества, от полнейшего отсутствия самосознания, когда озябший, голодный, больной человек, чтобы спасти остатки жизни, чтобы сберечь своих детей, инстинктивно, бессознательно хватается за все, чем только можно утолить голод, согреться, разрушает все, не думая о завтрашнем дне... Разрушено уже почти все, но взамен не создано еще ничего. (*Холодно.*) Я по лицу вижу, что вам неинтересно.

Елена Андреевна. Но я в этом так мало понимаю...

Астров. И понимать тут нечего, просто неинтересно.

Елена Андреевна. Откровенно говоря, мысли мои не тем заняты. Простите. Мне нужно сделать вам маленький допрос, и я смущена, не знаю, как начать.

Астров. Допрос?

глуха́рь (m.): Auerhahn.
вырожде́ние: Verfall.
истреби́ть (v.): ausrotten, vernichten.
пролега́ть (v.): (ver)laufen.
бездоро́жье: Unwegsamkeit, unwegsames Gelände.
всле́дствие (Präp.): infolge.
непоси́льный: unzumutbar, (Kräfte) übersteigend.
ко́сность (f.): Trägheit, Schlendrian, Stagnation.
неве́жество: Unwissenheit, Ignoranz.
самосозна́ние: Selbsterkenntnis.
озя́бший: frierend.
утоли́ть (v.): stillen.
согре́ться (v.): (er)wärmen.
взаме́н (adv.): anstelle, als Ersatz.
смущённый: verlegen

Елена Андреевна. Да, допрос, но... довольно невинный. Сядем!

Садятся.

Дело касается одной молодой особы. Мы будем говорить, как честные люди, как приятели, без обиняков. Поговорим и забудем, о чем была речь. Да?

Астров. Да.

Елена Андреевна. Дело касается моей падчерицы Сони, Она вам нравится?

Астров. Да, я ее уважаю.

Елена Андреевна. Она вам нравится, как женщина?

Астров (*не сразу*). Нет.

Елена Андреевна. Еще два-три слова – и конец. Вы ничего не замечали?

Астров. Ничего.

Елена Андреевна (*берет его за руку*). Вы не любите ее, по глазам вижу... Она

страдает... Поймите это и... перестаньте бывать здесь.

Астров (*встает*). Время мое уже ушло... Да и некогда... (*Пожав плечами.*)

Когда мне? (*Он смущен.*)

Елена Андреевна. Фу, какой неприятный разговор! Я так волнуюсь, точно протащила на себе тысячу пудов. Ну, слава богу, кончили. Забудем, будто не говорили вовсе, и... и уезжайте. Вы умный человек, поймете...

Пауза.

Я даже красная вся стала.

Астров. Если бы вы мне сказали месяц-два назад, то я, пожалуй, еще подумал бы, но теперь... (*Пожимает плечами.*) А если она страдает, то, конечно... Только одного не понимаю: зачем

неви́нный: unschuldig, harmlos.
осо́ба: Person, Wesen.
обиня́к: Umschweif.
па́дчерица: Stieftochter.
Когда́ мне? (umg.): Wann habe ich schon Zeit?
протащи́ть (v.): schleppen, ziehen, schleifen.
пуд: ein Pud: altes russisches Gewicht von 16,36 Kilo.

вам понадобился этот допрос? (*Глядит ей в глаза и грозит пальцем.*) Вы – хитрая!
Елена Андреевна. Что это значит?
Астров (*смеясь*). Хитрая! Положим, Соня страдает, я охотно допускаю, но к чему этот ваш допрос? (*Мешая ей говорить, живо.*) Позвольте, не делайте удивленного лица, вы отлично знаете, зачем я бываю здесь каждый день... Зачем и ради кого бываю, это вы отлично знаете. Хищница милая, не смотрите на меня так, я старый воробей...
Елена Андреевна. (*в недоумении*). Хищница? Ничего не понимаю.
Астров. Красивый, пушистый хорек... Вам нужны жертвы! Вот я уже целый месяц ничего не делаю, бросил все, жадно ищу вас – и это вам ужасно нравится, ужасно... Ну, что ж? Я побежден, вы это знали и без допроса. (*Скрестив руки и нагнув голову.*) Покоряюсь. Нате, ешьте!
Елена Андреевна. Вы с ума сошли!
Астров (*смеется сквозь зубы*). Вы застенчивы...
Елена Андреевна. О, я лучше и выше, чем вы думаете! Клянусь вам! (*Хочет уйти.*)
Астров (*загораживая ей дорогу*). Я сегодня уеду, бывать здесь не буду, но... (*Берет ее за руку, оглядывается.*) Где мы будем видеться? Говорите скорее: где? Сюда могут войти, говорите скорее. (*Страстно.*) Какая чудная, роскошная... Один поцелуй... Мне поцеловать только ваши ароматные волосы...
Елена Андреевна. Клянусь вам...
Астров (*мешая ей говорить*). Зачем клясться? Не надо клясться. Не надо лишних слов... О, какая красивая! Какие руки! (*Целует руки.*)

хи́трый: listig, verschmitzt, gerissen.
хи́щница: Raubtier.
ста́рый воробе́й: hier: alter Fuchs (воробе́й: Sperling).
пуши́стый: flauschig, flaumig.
хорёк: Iltis.
побеждён: besiegt (победи́ть, v.: siegen).
нагну́ть (v.): beugen, senken.
покоря́ться (uv.): sich geschlagen geben, sich ergeben.
на́те (umg.): da haben Sie! Greifen Sie zu!
засте́нчивый: schüchtern, scheu.

Елена Андреевна. Но довольно наконец... уходите... (*Отнимает руки.*) Вы забылись.

Астров. Говорите же, говорите, где мы завтра увидимся? (*Берет ее за талию.*) Ты видишь, это неизбежно, нам надо видеться. (*Целует ее; в это время входит Войницкий с букетом роз и останавливается у двери.*)

Елена Андреевна (*не видя Войницкого*). Пощадите... оставьте меня... (*Кладет Астрову голову на грудь.*) Нет! (*Хочет уйти.*)

Астров (*удерживая ее за талию*). Приезжай завтра в лесничество... часам к двум... Да? Да? Ты приедешь?

Елена Андреевна (*увидев Войницкого*). Пустите! (*В сильном смущении отходит к окну.*) Это ужасно.

Войницкий (*кладет букет на стул; волнуясь, вытирает платком лицо и за воротником*). Ничего... Да... Ничего...

Астров (*будируя*). Сегодня, многоуважаемый Иван Петрович, погода недурна. Утром было пасмурно, словно как бы на дождь, а теперь солнце. Говоря по совести, осень выдалась прекрасная... и озими ничего себе. (*Свертывает картограмму в трубку.*) Вот только что: дни коротки стали... (*Уходит.*)

Елена Андреевна (*быстро подходит к Войницкому*). Вы постараетесь, вы употебите все ваше влияние, чтобы я и муж уехали отсюда сегодня же! Слышите? Сегодня же!

Войницкий (*вытирая лицо*). А? Ну, да... хорошо... Я, Hélène, все видел, все...

Елена Андреевна (*нервно*). Слышите? Я должна уехать отсюда сегодня же!

Входят Серебряков, Соня, Телегин и Марина.

Телегин. Я сам, ваше превосходительство, что-то не совсем здоров. Вот уже два дня хвораю. Голова что-то того...

неизбе́жный: unausweichlich, unvermeidlich.
пощади́ть (v.): (ver)schonen.
воротни́к: Kragen.
буди́ровать (uv.): sich ärgern, missmutig sein.
недурно́й: nicht schlecht, nicht übel, ganz nett.
вы́даться (v.): sich hervortun, hervorstechen, sich auszeichnen.
о́зими (Pl.): Wintersaat.
свёртывать (uv.) **в тру́бку:** zusammenrollen.
Вот то́лько что (umg.): Nur eines noch.
хвора́ть (uv.): kränkeln.

Серебряков. Где же остальные? Не люблю я этого дома. Какой-то лабиринт. Двадцать шесть громадных комнат, разбредутся все, и никого никогда не найдешь. (*Звонит.*) Пригласите сюда Марью Васильевну и Елену Андреевну!

Елена Андреевна. Я здесь.

Серебряков. Прошу, господа, садиться.

Соня (*подойдя к Елене Андреевне, нетерпеливо*).Что он сказал?

Елена Андреевна. После.

Соня. Ты дрожишь? Ты взволнована? (*Пытливо всматривается в ее лицо.*) Я понимаю... Он сказал, что уже больше не будет бывать здесь... да?

Пауза.

Скажи: да?

Елена Андреевна утвердительно кивает головой.

Серебряков (*Телегину*). С нездоровьем еще можно мириться, куда ни шло, но чего я не могу переварить, так это строя деревенской жизни. У меня такое чувство, как будто я с земли свалился на какую-то чужую планету. Садитесь, господа, прошу вас. Соня!

Соня не слышит его, она стоит, печально опустив голову.

Соня!

Пауза.

Не слышит. (*Марине.*) И ты, няня, садись.

Няня садится и вяжет чулок.

Прошу, господа. Повесьте, так сказать, ваши уши на гвоздь внимания. (*Смеется,*)

Войницкий (*волнуясь*). Я, быть может, не нужен? Могу уйти?

Серебряков. Нет, ты здесь нужнее всех.

Войницкий. Что вам от меня угодно?

Серебряков. Вам... Что же ты сердишься?

Пауза.

Если я в чем виноват перед тобою, то извини, пожалуйста.

разбрести́сь (v.): jeder in seine Richtung gehen, sich zerstreuen, auseinanderlaufen.
пытли́вый: wissbegierig, forschend.
куда́ ни шло (umg.): meinetwegen, wie auch immer.
перевари́ть (v.): ausstehen, ertragen.
свали́ться (v.): herabfallen.
пове́сить (v.): hängen.

Войницкий. Оставь этот тон. Приступим к делу... Что тебе нужно?

Входит Мария Васильевна.

Серебряков. Вот и maman. Я начинаю, господа.

Пауза.

Я пригласил вас, господа, чтобы объявить вам, что к нам едет ревизор. Впрочем, шутки в сторону. Дело серьезное. Я, господа, собрал вас, чтобы попросить у вас помощи и совета, и, зная всегдашнюю вашу любезность, надеюсь, что получу их.

Человек я ученый, книжный и всегда был чужд практической жизни. Обойтись без указаний сведущих людей я не могу и прошу тебя, Иван Петрович, вот вас, Илья Ильич, вас, maman... Дело в том, что manet omnes una nox, то есть все мы под богом ходим; я стар, болен и потому нахожу своевременным регулировать свои имущественные отношения постольку, поскольку они касаются моей семьи. Жизнь моя уже кончена, о себе я не думаю, но у меня молодая жена, дочь-девушка.

Пауза.

Продолжать жить в деревне мне невозможно. Мы для деревни не созданы. Жить же в городе на те средства, какие мы получаем от этого имения, невозможно. Если продать, положим, лес, то эта мера экстраординарная, которою нельзя пользоваться ежегодно. Нужно изыскать такие меры, которые гарантировали бы нам постоянную, более или менее определенную цифру дохода. Я при-

---

приступи́ть (v.): in Angriff nehmen, beginnen.

ревизо́р: Revisor; Kontrollbeamter. – Hier scherzhaft-ironische Anspielung des Professors auf Nikolaj Gogol`s (1809–52) Komödie «Der Revisor» («Ревизо́р», 1836), in der im Eingangssatz des Stücks der Stadthauptmann den versammelten und entsetzten Stadtoberen die befürchtete Ankunft eines Revisors mitteilt. («Я пригласил вас, господа, с тем, чтобы сообщить вам пренеприятное известие: к нам едет ревизор.»)

всегда́шний: immerwährend, ständig, üblich.

обойти́сь (обойду́сь, обойдёшься; v.): auskommen, nicht zurechtkommen.

све́дущий: kundig, erfahren; Profi.

manet omnes una nox (lat.): Die eine Nacht erwartet uns alle. Aus den Oden von Horaz: Carmina 1,28; (es folgt: «et calcanda semel via leti»: «und einmal müssen wir die Straße des Todes gehen»).

своевре́менный: rechtzeitig.

иму́щественные отноше́ния: Vermögensverhältnisse.

ежего́дный: jährlich, jedes Jahr wiederkehrend.

изыска́ть (изыщу́, изы́щешь; v.): ausfindig machen.

дохо́д: Einkommen, Gewinn.

думал одну такую меру и имею честь предложить ее на ваше обсуждение. Минуя детали, изложу ее в общих чертах. Наше имение дает в среднем размере не более двух процентов. Я предлагаю продать его. Если вырученные деньги мы обратим в процентные бумаги, то будем получать от четырех до пяти процентов, и я думаю, что будет даже излишек в несколько тысяч, который нам позволит купить в Финляндии небольшую дачу.

Войницкий. Постой... Мне кажется, что мне изменяет мой слух. Повтори, что ты сказал.

Серебряков. Деньги обратить в процентные бумаги и на излишек, какой останется, купить дачу в Финляндии.

Войницкий. Не Финляндия... Ты еще что-то другое сказал.

Серебряков. Я предлагаю продать имение.

Войницкий. Вот это самое. Ты продашь имение, превосходно, богатая идея... А куда прикажешь деваться мне со старухой матерью и вот с Соней?

Серебряков. Все это своевременно мы обсудим. Не сразу же.

Войницкий. Постой. Очевидно, до сих пор у меня не было ни капли здравого смысла. До сих пор я имел глупость думать, что имение принадлежит Соне. Мой покойный отец купил это имение в приданое для моей сестры. До сих пор я был наивен, понимал законы не по-турецки и думал, что имение от сестры перешло к Соне.

Серебряков. Да, имение принадлежит Соне. Кто спорит? Без согласия Сони я не решусь продать его. К тому же я предлагаю сделать это для блага Сони.

Войницкий. Это непостижимо, непостижимо! Или я с ума сошел, или... или...

Мария Васильевна. Жан, не противоречь Александру. Верь, он лучше нас знает, что хорошо и что дурно.

минова́ть (uv./v.): vorbeigehen, außer Acht lassen.
проце́нтные бума́ги: Wertpapiere.
изли́шек: Überfluss, Überschuss.
посто́й: Halt! Stopp!
изменя́ет мой слух: hier: ich höre wohl schlecht/nicht recht.
дева́ться (umg., uv.): hingeraten, bleiben, kommen.
здра́вый смысл: gesunder Menschenverstand.
прида́ное: Aussteuer, Mitgift.
непостижи́мый: unfassbar.

Войницкий. Нет, дайте мне воды. (*Пьет воду.*) Говорите, что хотите, что хотите!

Серебряков. Я не понимаю, отчего ты волнуешься. Я не говорю, что мой проект идеален. Если все найдут его негодным, то я не буду настаивать.

Пауза.

Телегин (*в смущении*). Я, ваше превосходительство, питаю к науке не только благоговение, но и родственные чувства. Брата моего Григория Ильича жены брат, может, изволите знать, Константин Трофимович Лакедемонов, был магистром...

Войницкий. Постой, Вафля, мы о деле... Погоди, после... (*Серебрякову*). Вот спроси ты у него. Это имение куплено у его дяди.

Серебряков. Ах, зачем мне спрашивать? К чему?

Войницкий. Это имение было куплено по тогдашнему времени за девяносто пять тысяч. Отец уплатил только семьдесят, и осталось долгу двадцать пять тысяч. Теперь слушайте... Имение это не было бы куплено, если бы я не отказался от наследства в пользу сестры, которую горячо любил. Мало того, я десять лет работал, как вол, и выплатил весь долг...

Серебряков. Я жалею, что начал этот разговор.

Войницкий. Имение чисто от долгов и не расстроено только благодаря моим личным усилиям. И вот когда я стал стар, меня хотят выгнать отсюда в шею!

Серебряков. Я не понимаю, чего ты добиваешься!

Войницкий. Двадцать пять лет я управлял этим имением, работал, высылал тебе деньги, как самый добросовестный приказчик, и за все время ты ни разу не поблагодарил меня. Все время – и в молодости и теперь – я получал от тебя жалованья пятьсот

наста́ивать (uv.): auf etwas bestehen.
пита́ть (uv.): nähren, mit etwas versehen.
благогове́ние: Ehrfurcht.
долг: Schulden.
расстро́ить (v.): zerstören, herunterwirtschaften, ruinieren.
вы́гнать в ше́ю (umg.): davonjagen, rauswerfen, hinausschmeißen (вы́гнать, вы́гоню, вы́гонишь, v.; ше́я: Hals).
добива́ться (uv.): erreichen, hinauswollen.
высыпа́ть (uv.): ausschütten, schicken.
прика́зчик: Verwalter.
жа́лованье: Gehalt, Lohn.

рублей в год – нищенские деньги! – и ты ни разу не догадался прибавить мне хоть один рубль!
Серебряков. Иван Петрович, почем же я знал? Я человек не практический и ничего не понимаю. Ты мог бы сам прибавить себе сколько угодно.
Войницкий. Зачем я не крал? Отчего вы все не презираете меня за то, что я не крал? Это было бы справедливо, и теперь я не был бы нищим!
Мария Васильевна (*строго*). Жан!
Телегин (*волнуясь*). Ваня, дружочек, не надо, не надо... я дрожу... Зачем портить хорошие отношения? (*Целует его.*) Не надо.
Войницкий. Двадцать пять лет я вот с этой матерью, как крот, сидел в четырех стенах... Все наши мысли и чувства принадлежали тебе одному. Днем мы говорили о тебе, о твоих работах, гордились тобою, с благоговением произносили твое имя; ночи мы губили на то, что читали журналы и книги, которые я теперь глубоко презираю!
Телегин. Не надо, Ваня, не надо... Не могу...
Серебряков (*гневно*). Не понимаю, что тебе нужно?
Войницкий. Ты для нас был существом высшего порядка, а твои статьи мы знали наизусть... Но теперь у меня открылись глаза! Я все вижу! Пишешь ты об искусстве, но ничего не понимаешь в искусстве! Все твои работы, которые я любил, не стоят гроша медного! Ты морочил нас!
Серебряков. Господа! Да уймите же его, наконец! Я уйду!
Елена Андреевна. Иван Петрович, я требую, чтобы вы замолчали! Слышите?
Войницкий. Не замолчу! (*Загораживая Серебрякову дорогу.*) Постой, я не кончил! Ты погубил мою жизнь! Я не жил, не жил! По твоей милости я истребил, уничтожил лучшие годы своей жизни! Ты мой злейший враг!

ни́щенские де́ньги: Hunger-, Bettellohn (ни́щенский: mickrig, winzig, jämmerlich, nicht der Rede wert; ни́щий: Bettler).
красть (краду́, крадёшь; uv.): stehlen.
крот: Maulwurf.
губи́ть (uv.): vernichten; hier: vergeuden, um die Ohren schlagen.
моро́чить (uv.): blauen Dunst vormachen, zum Narren halten.
уня́ть (уйму́, уймёшь; v.): Einhalt gebieten, beschwichtigen, zur Vernunft bringen.

Телегин. Я не могу... не могу... Я уйду... (*В сильном волнении уходит.*)

Серебряков. Что ты хочешь от меня? И какое ты имеешь право говорить со мною таким тоном? Ничтожество! Если имение твое, то бери его, я не нуждаюсь в нем!

Елена Андреевна. Я сию же минуту уезжаю из этого ада! (*Кричит.*) Я не могу дольше выносить!

Войницкий. Пропала жизнь! Я талантлив, умен, смел... Если бы я жил нормально, то из меня мог бы выйти Шопенгауэр, Достоевский... Я зарапортовался! Я с ума схожу... Матушка, я в отчаянии! Матушка!

Мария Васильевна (*строго*). Слушайся Александра!

Соня (*становится перед няней на колени и прижимается к ней*). Нянечка! Нянечка!

Войницкий. Матушка! Что мне делать? Не нужно, не говорите! Я сам знаю, что мне делать! (*Серебрякову.*) Будешь ты меня помнить! (*Уходит в среднюю дверь.*)

Мария Васильевна идет за ним.

Серебряков. Господа, что же это такое, наконец? Уберите от меня этого сумасшедшего! Не могу я жить с ним под одной крышей! Живет тут (*указывает на среднюю дверь*), почти рядом со мною... Пусть перебирается в деревню, во флигель, или я переберусь отсюда, но оставаться с ним в одном доме я не могу...

Елена Андреевна (*мужу*). Мы сегодня уедем отсюда! Необходимо распорядиться сию же минуту.

Серебряков. Ничтожнейший человек!

Соня (*стоя на коленях, оборачивается к отцу; нервно, сквозь слезы*). Надо быть милосердным, папа! Я и дядя Ваня так несчастны! (*Сдерживая отчаяние.*) Надо быть милосердным! Вспомни, когда ты был помоложе, дядя Ваня и бабушка по ночам переводили для тебя книги, переписывали твои бумаги... все но-

---

ничто́жество: Jämmerlichkeit; Null, Niete, Jammerlappen.
Шо́пенгауэр, Достое́вский: Arthur Schopenhauer (1788–1860), deutscher Philosoph; Fëdor Dostoevskij (1821–1881), russischer Romancier.
зарапортова́ться (v.): den Faden verlieren, abschweifen.
прижима́ться (uv.): sich anschmiegen.
перебира́ться (uv.) / перебра́ться (переберу́сь, переберёшься; v.): übersiedeln, umziehen.
распоряди́ться (v.): anweisen, veranlassen.

чи, все ночи! Я и дядя Ваня работали без отдыха, боялись потратить на себя копейку и всё посылали тебе... Мы не ели даром хлеба! Я говорю не то, не то я говорю, но ты должен понять нас, папа. Надо быть милосердным!

Елена Андреевна (*взволнованная, мужу*). Александр, ради бога объяснись с ним... Умоляю.

Серебряков. Хорошо, я объяснюсь с ним... Я ни в чем не обвиняю, я не сержусь, но, согласитесь, поведение его по меньшей мере странно. Извольте, я пойду к нему. (*Уходит в среднюю дверь.*)

Елена Андреевна. Будь с ним помягче, успокой его... (*Уходит за ним.*)

Соня (*прижимаясь к няне*). Нянечка! Нянечка!

Марина. Ничего, деточка. Погогочут гусаки – и перестанут... Погогочут – и перестанут...

Соня. Нянечка!

Марина (*гладит ее по голове*). Дрожишь, словно в мороз! Ну, ну, сиротка, бог милостив. Липового чайку или малинки, оно и пройдет... Не горюй, сиротка... (*Глядя на среднюю дверь, с сердцем.*) Ишь расходились, гусаки, чтоб вам пусто!

За сценой выстрел; слышно, как вскрикивает Елена Андреевна; Соня вздрагивает.

У, чтоб тебя!

Серебряков (*вбегает, пошатываясь от испуга*). Удержите его! Удержите! Он сошел с ума!

Елена Андреевна и Войницкий борются в дверях.

Елена Андреевна (*стараясь отнять у него револьвер*). Отдайте! Отдайте, вам говорят!

объясни́ться (v.): reden, sprechen, sich erklären, sich aussprechen.
по ме́ньшей ме́ре: zumindest.
погогота́ть (погогочу́, погого́чешь; v.): schnattern.
гуса́к: Ganter.
сиро́тка: armes Waisenkind; mein Armes.
мали́нка: Himbeere; hier: Himbeertee.
не горю́й: gräm dich nicht. Imp. von: горева́ть (горю́ю, горю́ешь; uv.): sich grämen.
Ишь расходи́лись, гусаки́, чтоб вам пу́сто (umg.): Kaum zu glauben, nicht zu trennen sind sie, diese Ganter (расходи́ться, uv.: auseinandergehen; sich trennen; ишь: da schau her; kaum zu glauben. пусто́й: leer, hohlköpfig, nutzlos).
поша́тываться (uv.): schwanken, taumeln.
боро́ться (uv.): ringen, kämpfen.

Войницкий. Пустите, Hélène! Пустите меня! (*Освободившись, вбегает и ищет глазами Серебрякова.*) Где он? А, вот он! (*Стреляет в него.)* Бац!

Пауза.

Не попал? Опять промах?! (*С гневом.*) А черт, черт... черт бы побрал... (*Бьет револьвером об пол и в изнеможении садится на стул.*)

Серебряков ошеломлен; Елена Андреевна прислонилась к стене, ей дурно.

Елена Андреевна. Увезите меня отсюда! Увезите, убейте, но... я не могу здесь оставаться, не могу!

Войницкий (*в отчаянии*). О, что я делаю! Что я делаю!

Соня (*тихо*). Нянечка! Нянечка!

Занавес

бац (Int.): Peng.
про́мах: Verfehlung; Fehlschuss.
чёрт бы побра́л: Zum Teufel. Verdammt.
изнеможе́ние: Erschöpfung.
ошеломлённый: fassungslos, bestürzt.

Действие четвертое

Комната Ивана Петровича; тут его спальня, тут же и контора имения. У окна большой стол с приходо-расходными книгами и бумагами всякого рода, конторка, шкафы, весы. Стол поменьше для Астрова; на этом столе принадлежности для рисования, краски; возле папка. Клетка со скворцом. На стене карта Африки, видимо, никому здесь не нужная. Громадный диван, обитый клеенкой. Налево – дверь, ведущая в покои; направо – дверь в сени; подле правой двери положен половик, чтобы не нагрязнили мужики. Осенний вечер. Тишина. – Т е л е г и н *и* М а р и н а *сидят друг против друга и мотают чулочную шерсть.*

Т е л е г и н . Вы скорее, Марина Тимофеевна, а то сейчас позовут прощаться. Уже приказали лошадей подавать.
М а р и н а (*старается мотать быстрее*). Немного осталось.
Т е л е г и н . В Харьков уезжают. Там жить будут.
М а р и н а . И лучше.
Т е л е г и н . Напужались... Елена Андреевна «одного часа, говорит, не желаю жить здесь... уедем да уедем... Поживем, говорит, в Харькове, оглядимся и тогда за вещами пришлем...». Налегке уезжают. Значит, Марина Тимофеевна, не судьба им жить тут. Не судьба... Фатальное предопределение.

прихо́до-расхо́дные кни́ги: Rechnungs-, Kontobücher. (прихо́д: hier: Einnahme; расхо́д: Verbrauch; hier: Ausgabe, Abbuchung).
конто́рка: Arbeits-, Steh-, Schreibpult.
скворе́ц: Star.
оби́тый: bezogen.
клеёнка: Wachstuch.
поко́й: Gemach, Zimmer, Wohnraum.
се́ни: Hausflur.
полови́к: Fußmatte.
нагрязни́ть (v.): beschmutzen.
мота́ть (uv.): wickeln.
шерсть (f.): Wolle.
лошаде́й подава́ть (uv.): (Pferde) anspannen lassen.
напужа́ться (umg.) = напуга́ться (v.): einen Schrecken bekommen.
огляде́ться (v.): sich umschauen, -sehen.
налегке́ (adv.): ohne Gepäck.
предопределе́ние: Vorherbestimmung, Fügung.

Марина. И лучше. Давеча подняли шум, пальбу – срам один!

Телегин. Да, сюжет, достойный кисти Айвазовского.

Марина. Глаза бы мои не глядели.

Пауза.

Опять заживем, как было, по-старому. Утром в восьмом часу чай, в первом часу обед, вечером – ужинать садиться; все своим порядком, как у людей... по-христиански. (*Со вздохом.*) Давно уже я, грешница, лапши не ела.

Телегин. Да, давненько у нас лапши не готовили.

Пауза.

Давненько... Сегодня утром, Марина Тимофеевна, иду я деревней, а лавочник мне вслед: «Эй ты, приживал!» И так мне горько стало!

Марина. А ты без внимания, батюшка. Все мы у бога приживалы. Как ты, как Соня, как Иван Петрович – никто без дела не сидит, все трудимся! Все... Где Соня?

Телегин. В саду. С доктором все ходит, Ивана Петровича ищет. Боятся, как бы он на себя рук не наложил.

Марина. А где его пистолет?

Телегин (*шепотом*). Я в погребе спрятал!

Марина (*с усмешкой*). Грехи!

Входят со двора Войницкий и Астров.

Войницкий. Оставь меня. (*Марине и Телегину.*) Уйдите отсюда, оставьте меня одного хоть на один час! Я не терплю опеки.

Телегин. Сию минуту, Ваня. (*Уходит на цыпочках.*)

да́веча (adv.): vor kurzem.
пальба́: Schießerei.
срам: Schmach, Schande.
кисть (f.): Pinsel.
Айвазо́вский: Ivan Ajvazovskij (1817–1900), russischer Marinemaler, den Čechov 1888 kennengelernt hat.
гре́шница: Sünderin (грех: Sünde).
давне́нько (umg.): schon ziemlich lange, seit langem.
ла́вочник: Krämer, Händler.
прижива́л: Gnadenbrotempfänger, Nutznießer; Nassauer. Verarmte Adelige, Kaufleute, Intellektuelle etc. wurden aus Gründen der Humanität auf Landgütern bzw. in Stadthäusern wohlhabender Menschen «durchgefüttert», ohne eine eindeutig definierte Beschäftigung bzw. soziale Stellung zu haben.
по́греб: Keller.
опе́ка: Bevormundung.
на цы́почках: auf Zehenspitzen.

Марина. Гусак: го-го-го! (*Собирает шерсть и уходит.*)

Войницкий. Оставь меня!

Астров. С большим удовольствием, мне давно уже нужно уехать отсюда, но, повторяю, я не уеду, пока ты не возвратишь того, что взял у меня.

Войницкий. Я у тебя ничего не брал.

Астров. Серьезно говорю – не задерживай. Мне давно уже пора ехать.

Войницкий. Ничего я у тебя не брал.

Оба садятся.

Астров. Да? Что ж, погожу еще немного, а потом, извини, придется употребить насилие. Свяжем тебя и обыщем. Говорю это совершенно серьезно.

Войницкий. Как угодно.

Пауза.

Разыграть такого дурака: стрелять два раза и ни разу не попасть. Этого я себе никогда не прощу!

Астров. Пришла охота стрелять, ну, и палил бы в лоб себе самому.

Войницкий (*пожав плечами*). Странно. Я покушался на убийство, а меня не арестовывают, не отдают под суд. Значит, считают меня сумасшедшим. (*Злой смех.*) Я – сумасшедший, а не сумасшедшие те, которые под личиной профессора, ученого мага, прячут свою бездарность, тупость, свое вопиющее бессердечие. Не сумасшедшие те, которые выходят за стариков и потом у всех на глазах обманывают их. Я видел, видел, как ты обнимал ее!

Астров. Да-с, обнимал-с, а тебе вот. (*Делает нос.*)

погоди́ть (погожу́, погоди́шь; v.): einen Augenblick warten, sich etwas gedulden.
связа́ть (свяжу́, свя́жешь; v.): fesseln.
обыска́ть (обыщу́, обы́щешь; v.): durchsuchen.
разыгра́ть (v.): spielen; so tun als ob.
пали́ть (umg., uv.): schießen, ballern.
покуша́ться (uv.): einen Anschlag verüben.
отдава́ть (uv.) **под суд:** vor Gericht stellen.
личи́на: Maske, Hülle.
маг: Magier, Zauberer.
безда́рность (f.): Unbegabtheit, Talentlosigkeit.
вопию́щий: himmelschreiend.
тебе́ вот (umg.): dir dies hier.

Войницкий (*глядя на дверь*). Нет, сумасшедшая земля, которая еще держит вас!
Астров. Ну, и глупо.
Войницкий. Что ж, я – сумасшедший, невменяем, я имею право говорить глупости.
Астров. Стара штука. Ты не сумасшедший, а просто чудак. Шут гороховый. Прежде и я всякого чудака считал больным, ненормальным, а теперь я такого мнения, что нормальное состояние человека – это быть чудаком. Ты вполне нормален.
Войницкий (*закрывает лицо руками*). Стыдно! Если бы ты знал, как мне стыдно! Это острое чувство стыда не может сравниться ни с какою болью. (*С тоской.*) Невыносимо! (*Склоняется к столу.*) Что мне делать? Что мне делать?
Астров. Ничего.
Войницкий. Дай мне чего-нибудь. О боже мой... Мне сорок семь лет; если, положим, я проживу до шестидесяти, то мне остается еще тринадцать. Долго! Как я проживу эти тринадцать лет? Что буду делать, чем наполню их? О, понимаешь... (*судорожно жмет Астрову руку*) понимаешь, если бы можно было прожить остаток жизни как-нибудь по-новому. Проснуться бы в ясное, тихое утро и почувствовать, что жить ты начал снова, что все прошлое забыто, рассеялось, как дым. (*Плачет.*) Начать новую жизнь... Подскажи мне, как начать... с чего начать...
Астров (*с досадой*). Э, ну тебя! Какая еще там новая жизнь! Наше положение, твое и мое, безнадежно.
Войницкий. Да?
Астров. Я убежден в этом.
Войницкий. Дай мне чего-нибудь... (*Показывая на сердце.*) Жжет здесь.
Астров (*кричит сердито*). Перестань! (*Смягчившись.*) Те, которые будут жить через сто, двести лет после нас и которые будут презирать нас за то, что мы прожили свои жизни так глупо и так

невменя́емый: unzurechnungsfähig.
ста́ра шту́ка (umg.): der Witz ist alt; die alte Leier.
шут горо́ховый: Hanswurst, Narr, Schießbudenfigur (горо́ховый: Erbsen-).
су́дорожный: krampfhaft, verkrampft.
рассе́яться (v.): zerstreuen, verfliegen.
ну тебя́! (umg.): Lass das! – Hör auf!
жечь (жгу, жжёшь; uv.): brennen.

безвкусно, – те, быть может, найдут средство, как быть счастливыми, а мы... У нас с тобою только одна надежда есть. Надежда, что когда мы будем почивать в своих гробах, то нас посетят видения, быть может, даже приятные. (*Вздохнув.*) Да, брат. Во всем уезде было только два порядочных, интеллигентных человека: я да ты. Но в какие-нибудь десять лет жизнь обывательская, жизнь презренная затянула нас; она своими гнилыми испарениями травила нашу кровь, и мы стали такими же пошляками, как все. (*Живо.*) Но ты мне зубов не заговаривай, однако. Ты отдай то, что взял у меня.

Войницкий. Я у тебя ничего не брал.

Астров. Ты взял у меня из дорожной аптеки баночку с морфием.

Пауза.

Послушай, если тебе во что бы то ни стало хочется покончить с собою, то ступай в лес и застрелись там. Морфий же отдай, а то пойдут разговоры, догадки, подумают, что это я тебе дал... С меня же довольно и того, что мне придется вскрывать тебя... Ты думаешь, это интересно?

Входит Соня.

Войницкий. Оставь меня!

Астров (*Соне*). Софья Александровна, ваш дядя утащил из моей аптеки баночку с морфием и не отдает. Скажите ему, что это... не умно, наконец. Да и некогда мне. Мне пора ехать.

Соня. Дядя Ваня, ты взял морфий?

почива́ть (uv.): ruhen, liegen, weilen.
виде́ние: Vision.
да (alt.): und.
презре́нный: nichtswürdig, verachtenswert, schändlich.
затяну́ть (v.): verschlingen, herunterziehen.
гнило́й: faulig.
испаре́ние: Ausdünstung, Dunst.
трави́ть (uv.): hetzen, verfolgen; hier: vergiften.
пошля́к: Dumpfbacke; banaler, naiver, einfältiger Mensch.
зу́бы не загова́ривать (umg., uv.): hier: herumschwatzen; Schmus reden.
доро́жная апте́ка: Reiseapotheke.
ба́ночка: kleine Dose; hier: Fläschchen (Medizin).
во что́ бы то ни ста́ло: um jeden Preis.
вскрыва́ть (uv.): hier: obduzieren.
утащи́ть (v.): entwenden, stehlen.

Пауза.

Астров. Он взял. Я в этом уверен.

Соня. Отдай. Зачем ты нас пугаешь? (*Нежно.*) Отдай, дядя Ваня! Я, быть может, несчастна не меньше твоего, однако же не прихожу в отчаяние. Я терплю и буду терпеть, пока жизнь моя не окончится сама собою... Терпи и ты.

Пауза.

Отдай! (*Целует ему руку.*) Дорогой, славный дядя, милый, отдай! (*Плачет.*) Ты добрый, ты пожалеешь нас и отдашь. Терпи, дядя! Терпи!

Войницкий (*достает из стола баночку и подает ее Астрову*). На, возьми! (*Соне.*) Но надо скорее работать, скорее делать что-нибудь, а то не могу... не могу...

Соня. Да, да, работать. Как только проводим наших, сядем работать... (*Нервно перебирает на столе бумаги.*) У нас все запущено.

Астров (*кладет баночку в аптеку и затягивает ремни*). Теперь можно и в путь.

Елена Андреевна (*входит*). Иван Петрович, вы здесь? Мы сейчас уезжаем... Идите к Александру, он хочет что-то сказать вам.

Соня. Иди, дядя Ваня. (*Берет Войницкого под руку.*) Пойдем. Папа и ты должны помириться. Это необходимо.

Соня и Войницкий уходят.

Елена Андреевна. Я уезжаю. (*Подает Астрову руку.*) Прощайте.

Астров. Уже?

Елена Андреевна. Лошади уже поданы.

Астров. Прощайте.

Елена Андреевна. Сегодня вы обещали мне, что уедете отсюда.

Астров. Я помню. Сейчас уеду.

Пауза.

Испугались? (*Берет ее за руку.*) Разве так страшно?

Елена Андреевна. Да.

Астров. А то остались бы! А? Завтра в лестничестве...

перебира́ть (uv.): durchsehen.

запу́щенный: verwahrlost, vernachlässigt, verlottert.

Елена Андреевна. Нет... Уже решено... И потому я гляжу на вас так храбро, что уже решен отъезд... Я об одном вас прошу: думайте обо мне лучше. Мне хочется, чтобы вы меня уважали.
Астров. Э! (*Жест нетерпения.*) Останьтесь, прошу вас. Сознайтесь, делать вам на этом свете нечего, цели жизни у вас никакой, занять вам своего внимания нечем, и, рано или поздно, все равно поддадитесь чувству, – это неизбежно. Так уж лучше это не в Харькове и не где-нибудь в Курске, а здесь, на лоне природы... Поэтично по крайней мере, даже осень красива... Здесь есть лесничество, полуразрушенные усадьбы во вкусе Тургенева...
Елена Андреевна. Какой вы смешной... Я сердита на вас, но все же... буду вспоминать о вас с удовольствием. Вы интересный, оригинальный человек. Больше мы с вами уже никогда не увидимся, а потому – зачем скрывать? Я даже увлеклась вами немножко. Ну, давайте пожмем друг другу руки и разойдемся друзьями. Не поминайте лихом.
Астров (*пожал руку*). Да, уезжайте... (*В раздумье.*) Как будто бы вы и хороший, душевный человек, но как будто бы и что-то странное во всем вашем существе. Вот вы приехали сюда с мужем, и все, которые здесь работали, копошились, создавали что-то, должны были побросать свои дела и все лето заниматься только подагрой вашего мужа и вами. Оба – он и вы – заразили всех нас вашею праздностью. Я увлекся, целый месяц ничего не

хра́брый: tapfer, mutig.
всё равно́: sowieso.
подда́ться (подда́мся, подда́шься; v.): nachgeben, sich beeinflussen lassen.
Курск: Gouvernementshauptstadt; liegt etwa 500 km südlich von Moskau, nahe der Grenze zur Ukraine. – Wie Char'kov steht auch Kursk hier symbolisch für eine langweilige Provinzstadt.
ло́но (veralt.): Schoß
полуразру́шенный: halbverfallen. – Mit den «halbverfallenen Gehöften im Stil Turgenevs» spielt Čechov ironisch auf die Romane Turgenevs und den Verfall des russischen Landadels, der «Adelsnester», Mitte/Ende des 19. Jahrhunderts an.
пожа́ть (пожму́, пожмёшь; v.): drücken.
не помина́йте ли́хом (umg.): Behalten Sie mich in gutem Andenken, in guter Erinnerung.
как бу́дто: anscheinend, irgendwie, es ist, als ob.
копоши́ться (uv.): hantieren, herumkramen, herumwerkeln, beschäftigt sein.
зарази́ть (v.): anstecken, infizieren.
увле́чься (увлеку́сь, увлечёшься; v.): sich begeistern, sich hinreißen lassen.

делал, а в это время люди болели, в лесах моих, лесных порослях, мужики пасли свой скот... Итак, куда бы ни ступили вы и ваш муж, всюду вы вносите разрушение... Я шучу, конечно, но все же... странно, и я убежден, что если бы вы остались, то опустошение произошло бы громадное. И я бы погиб, да и вам бы... несдобровать. Ну, уезжайте. Finita la comedia!

Елена Андреевна (*берет с его стола карандаш и быстро прячет*). Этот карандаш я беру себе на память.

Астров. Как-то странно... Были знакомы и вдруг почему-то... никогда уже больше не увидимся. Так и всё на свете... Пока здесь никого нет, пока дядя Ваня не вошел с букетом, позвольте мне... поцеловать вас... На прощанье. Да? *(Целует ее в щеку.)* Ну, вот и прекрасно.

Елена Андреевна. Желаю всего хорошего. (*Оглянувшись.*) Куда ни шло, раз в жизни! (*Обнимает его порывисто, и оба тотчас же быстро отходят друг от друга.*) Надо уезжать.

Астров. Уезжайте поскорее. Если лошади поданы, то отправляйтесь.

Елена Андреевна. Сюда идут, кажется.

Оба прислушиваются.

Астров. Finita!

Входят Серебряков, Войницкий, Мария Васильевна с книгой, Телегин и Соня.

Серебряков (*Войницкому*). Кто старое помянет, тому глаз вон. После того, что случилось, в эти несколько часов я так много пережил и столько передумал, что, кажется, мог бы написать в назидание потомству целый трактат о том, как надо жить. Я охотно принимаю твои извинения и сам прошу извинить меня. Прощай! (*Целуется с Войницким три раза.*)

пóрослъ (f.): Unterholz, Schonung.
пастѝ (пасý, пасёшь; uv.): (Vieh) hüten.
опустошéние: Verwüstung.
несдобровáть (v.): schlecht ergehen, nicht gut bekommen.
Finita la comedia! (It.): Ende der Komödie. – Von Čechov, besonders in seinen Briefen, oft benutzter Ausdruck.
Кудá ни шло (umg.): Wie auch immer.
поры́вистый: heftig, stürmisch.
...томý глаз вон (umg.): ...der verliere ein Auge.
назидáние: Mahnung, Belehrung.
потóмство: Nachwelt.

В о й н и ц к и й. Ты будешь аккуратно получать то же, что получал и раньше. Все будет по-старому.

Елена Андреевна обнимает Соню.

С е р е б р я к о в (*целует у Марии Васильевны руку*). Maman...

М а р и я В а с и л ь е в н а (*целуя его*). Александр, снимитесь опять и пришлите мне вашу фотографию. Вы знаете, как вы мне дороги.

Т е л е г и н. Прощайте, ваше превосходительство! Нас не забывайте!

С е р е б р я к о в (*поцеловав дочь*). Прощай... Все прощайте! (*Подавая руку Астрову.*) Благодарю вас за приятное общество... Я уважаю ваш образ мыслей, ваши увлечения, порывы, но позвольте старику внести в мой прощальный привет только одно замечание: надо господа, дело делать! Надо дело делать! (*Общий поклон.*) Всего хорошего. (*Уходит; за ним идут Мария Васильевна и Соня.)*

В о й н и ц к и й (*крепко целует руку у Елены Андреевны)*. Прощайте... Простите... Никогда больше не увидимся.

Е л е н а А н д р е е в н а (*растроганная*). Прощайте, голубчик. (*Целует его в голову и уходит.*)

А с т р о в (*Телегину*). Скажи там, Вафля, чтобы заодно кстати подавали и мне лошадей.

Т е л е г и н. Слушаю, дружочек. (*Уходит.*)

Остаются только Астров и Войницкий.

А с т р о в (*Убирает со стола краски и прячет их в чемодан*). Что же ты не идешь проводить?

В о й н и ц к и й. Пусть уезжают, а я... я не могу. Мне тяжело. Надо поскорей занять себя чем-нибудь... Работать, работать! (*Роется в бумагах на столе.*)

Пауза; слышны звонки.

А с т р о в. Уехали. Профессор рад небось! Его теперь сюда и калачом не заманишь.

сня́ться (сниму́сь, сни́мешься; v.): sich fotografieren (lassen).
поры́в: Impuls, Passion.
растро́ганный: gerührt.
заодно́ (adv.): (zu)gleich, darüber hinaus.
Что же ты не идёшь проводи́ть? (umg.): Warum begleitest du sie nicht nach draußen?
ры́ться (ро́юсь, ро́ешься; uv.): wühlen.

Марина (*входит*). Уехали. (*Садится в кресло и вяжет чулок.*)
Соня (*входит*). Уехали. (*Утирает глаза.*) Дай бог благополучно. (*Дяде.*) Ну, дядя Ваня, давай делать что-нибудь.
Войницкий. Работать, работать...
Соня. Давно, давно уже мы не сидели вместе за этим столом. (*Зажигает на столе лампу.*) Чернил, кажется, нет... (*Берет чернильницу, идет к шкафу и наливает чернил.*) А мне грустно, что они уехали.
Мария Васильевна (*медленно входит*). Уехали! (*Садится и погружается в чтение.*)
Соня (*садится за стол и перелистывает конторскую книгу*). Напиши, дядя Ваня, прежде всего счета. У нас страшно запущено. Сегодня опять присылали за счетом. Пиши. Ты пиши один счет, я – другой...
Войницкий (*пишет*). «Счет... господину...»
Оба пишут молча.
Марина (*зевает*). Баиньки захотелось...
Астров. Тишина. Перья скрипят, сверчок кричит. Тепло, уютно... Не хочется уезжать отсюда.
Слышны бубенчики.
Вот подают лошадей... Остается, стало быть, проститься с вами, друзья мои, проститься со своим столом и – айда! (*Укладывает картограммы в папку.*)
Марина. И чего засуетился? Сидел бы.
Астров. Нельзя.
Войницкий (*пишет*). «И старого долга осталось два семьдесят пять...»
Входит работник.
Работник. Михаил Львович, лошади поданы.

Его́ тепе́рь сюда́ и калачо́м не зама́нишь (umg.): Den bringen keine zehn Pferde mehr her (кала́ч: Brezel; замани́ть, v.: herbeilocken).
Дай бог благополу́чно (umg.): Gott schütze sie; Gott sei mit ihnen.
черни́льница: Tintenfass.
погружа́ться (uv.): versinken, sich vertiefen.
ба́иньки (umg.): heia; hier: ein Schläfchen machen.
скрипе́ть (uv.): knirschen; hier: zirpen.
бубе́нчики: Schellen, Glocken (am Pferdegespann).
айда́ (umg.): los geht's!
засуети́ться (v.): anfangen Hektik zu machen, eilig haben.

Астров. Слышал. (*Подает ему аптеку, чемодан и пачку.*) Вот, возьми это. Гляди, чтобы не помять папку.
Работник . Слушаю. (*Уходит.*)
Астров. Ну-с... (*Идет проститься.*)
Соня. Когда же мы увидимся?
Астров. Не раньше лета, должно быть. Зимой едва ли... Само собою, если случится что, то дайте знать – приеду. (*Пожимает руки.*) Спасибо за хлеб, за соль, за ласку... одним словом, за все. (*Идет к няне и целует ее в голову.*) Прощай, старая.
Марина. Так и уедешь без чаю?
Астров. Не хочу, нянька.
Марина. Может, водочки выпьешь?
Астров (*нерешительно*). Пожалуй...
Марина уходит.
(*После паузы.*) Моя пристяжная что-то захромала. Вчера еще заметил, когда Петрушка водил поить.
Войницкий. Перековать надо.
Астров. Придется в Рождественном заехать к кузнецу. Не миновать. (*Подходит к карте Африки и смотрит на нее.*) А, должно быть, в этой самой Африке теперь жарища – страшное дело!
Войницкий. Да, вероятно.
Марина (*возвращается с подносом, на котором рюмка водки и кусочек хлеба*). Кушай.
Астров пьет водку.
На здоровье, батюшка. (*Низко кланяется.*) А ты бы хлебцем закусил.
Астров. Нет, я и так... Затем, всего хорошего! (*Марине.*) Не провожай меня, нянька. Не надо.
Он уходит. Соня идет за ним со свечой, чтобы проводить его; Марина садится в свое кресло.

помя́ть (v.): knicken.
само́ собо́ю = само́ собо́й: (ganz) von selbst, versteht sich, natürlich.
пристяжна́я: Hilfs-, Beispannpferd.
захрома́ть (v.): anfangen zu lahmen.
перекова́ть (v.): (Hufe) neu beschlagen.
Ро́ждественное: Roždestvennoe, kleiner Marktflecken in der Nachbarschaft des Landguts.
минова́ть (v.): an etwas vorbeiführen, entrinnen.
А ты бы хле́бцем закуси́л (umg.): Und du solltest ein Stückchen Brot essen.

В о й н и ц к и й (*пишет*). «2-го февраля масла постного 20 фунтов... 16-го февраля опять масла постного 20 фунтов... Гречневой крупы...»

Пауза. Слышны бубенчики.

М а р и н а. Уехал.

Пауза.

С о н я (*возвращается, ставит свечу на стол*). Уехал...

В о й н и ц к и й (*сосчитал на счетах и записывает*). Итого... пятнадцать... двадцать пять...

Соня садится и пишет.

М а р и н а (*зевает*). Ох, грехи наши...

Т е л е г и н входит на цыпочках, садится у двери и тихо настраивает гитару.

В о й н и ц к и й (*Соне, проведя рукой по ее волосам*). Дитя мое, как мне тяжело! О, если б ты знала, как мне тяжело!

С о н я. Что же делать, надо жить!

Пауза.

Мы, дядя Ваня, будем жить. Проживем длинный, длинный ряд дней, долгих вечеров; будем терпеливо сносить испытания, какие пошлет нам судьба; будем трудиться для других и теперь, и в старости, не зная покоя, а когда наступит наш час, мы покорно умрем, и там за гробом мы скажем, что мы страдали, что мы плакали, что нам было горько, и бог сжалится над нами, и мы с тобою, дядя, милый дядя, увидим жизнь светлую, прекрасную, изящную, мы обрадуемся и на теперешние наши несчастья оглянемся с умилением, с улыбкой – и отдохнем. Я верую, дядя, верую горячо, страстно... (*Становится перед ним на колени и кладет голову на его руки; утомленным голосом.*) Мы отдохнем!

Телегин тихо играет на гитаре.

Мы отдохнем! Мы услышим ангелов, мы увидим все небо в алмазах, мы увидим, как все зло земное, все наши страдания потонут в милосердии, которое наполнит собою весь мир, и наша жизнь

гре́чневая крупа́: Buchweizen(grütze).
итого́ (adv.): alles in allem, insgesamt, summa summarum.
испыта́ние: Versuchung, Prüfung.
сжа́литься (v.): sich erbarmen, Mitleid haben.
умиле́ние: Rührung.
потону́ть (v.): versinken.

станет тихою, нежною, сладкою, как ласка. Я верую, верую... (*Вытирает ему платком слезы*). Бедный, бедный дядя Ваня, ты плачешь... (*Сквозь слезы.*) Ты не знал в своей жизни радостей, но погоди, дядя Ваня, погоди... Мы отдохнем... (*Обнимает его.*) Мы отдохнем!

Стучит сторож.

Телегин тихо наигрывает; Мария Васильевна пишет на полях брошюры; Марина вяжет чулок.

Мы отдохнем!

Занавес медленно опускается.

ла́ска: Liebkosung, Zärtlichkeit.

Editorische Notiz

Wiedergabe des russischen Textes nach: Anton P. Čechov: Djadja Vanja (Onkel Vanja), in: Ders., Polnoe sobranie sočinenij i pisem v tridcati tomach. Sočinenija v 18 tomach. Hrsg. N. V. Bel'čikov [u. a.], 30 Bde., Moskva: Nauka, 1974–1983, Bd. 13 (1978): P'esy (1895–1904), S. 61–116. – Die Vokabelhilfen orientieren sich am Niveau B2 (Gemeinsamer Europäischer Referenzrahmen für Sprachen).

Verwendete Abkürzungen

adv.	adverbial
Akk.	Akkusativ
alt.	veraltet
buchspr.	buchsprachlich
Dat.	Dativ
Dim.	Diminutiv
f.	Femininum
G. / Gen.	Genitiv
g.pr.a.	Adverbialpartizip des Präsens
g.pt.a.	Adverbialpartizip des Präteritums
Imp.	Imperativ
Int.	Interjektion
iron.	ironisch
jdm.	jemandem
jdn.	jemanden
Konj.	Konjunktion
m.	Maskulinum
part.	Partikel
Pl.	Plural
Poss. pr.	Possessivpronomen
Präp.	Präpositiv
Prät.	Präteritum
p.pr.a.	Partizip Präsens Aktiv
p.pt.p.	Partizip Präteritum Passiv
umg.	umgangssprachlich
unpers.	unpersönlich
uv.	unvollendeter Verbaspekt
v.	vollendeter Verbaspekt

Zeittafel zu Anton Čechovs Leben und Werk

1860	17. (29.) 1. geboren in Taganrog; Vater Kaufmann; vier Geschwister
1869	Gymnasium in Taganrog (am Asovschen Meer) bis 1879
1879	Studium der Medizin an der Universität Moskau, Abschluss 1884
1880	Beginn von Čechovs literarischer Tätigkeit für verschiedene Zeitschriften und Zeitungen; er schreibt hauptsächlich Kurzgeschichten unter Pseudonymen, so z. B. »Antoša Čechonte«. Mit Honoraren finanziert er sein Medizinstudium; zwischen 1883 und 1886 schreibt er durchschnittlich 120 Kurzgeschichten im Jahr
1884	Erster Erzählband *Märchen der Melpomene (Сказки Мельпомены);* Ausübung des Arztberufes in Moskau und später in Melichovo
1885	Freundschaft mit Alexej Suvorin, dem Herausgeber der Zeitung »Neue Zeit« (Новое время)
1886	Verlagerung des Schwerpunktes auf die schriftstellerische Arbeit; Erzählband *Bunte Erzählungen (Пестрые рассказы);* Erzählung *Kummer (Тоска)*
1887	Weitere Sammelbände: *Unschuldige Worte (Невинные речи), In der Dämmerung (В сумерках),* für letzteren Erzählband erhält Čechov 1888 den Puškin-Preis; 19.11.: erfolgreiche Uraufführung des Schauspiels *Ivanov (Иванов)*
1888	Erzählung *Die Steppe (Степь);* August: Veröffentlichung und Uraufführung des Einakters *Der Bär (Медведь)*
1889	Veröffentlichung und Uraufführung des Einakters *Der Heiratsantrag (Предложение);* Erzählung *Eine langweilige Geschichte (Скучная история;* Uraufführung der Komödie *Der Waldschrat (Леший)*
1890	21.4.: Reise nach Sachalin (bis 8.12.); Buchausgabe der Reiseaufzeichnungen *Die Insel Sachalin (Остров Сахалин)* 1895
1891	Auslandsreise nach Österreich, Italien, Frankreich; Erzählung *Das Duell (Дуэль)*
1892	Kauf des Landgutes Melichovo bei Moskau; starkes soziales Engagement: Einrichtung von Schulen, kostenlose ärztliche Versorgung der Bauern; kämpft gegen Choleraepidemie; Erzählung *Krankenzimmer Nr. 6 (Палата Nr. 6)*
1893	Übersiedlung nach Melichovo
1894	Erzählung *Der schwarze Mönch (Черный монах);* Reisen nach Jalta, Wien, Mailand, Genf, Nizza, Paris, Berlin; verschlechterter Gesundheitszustand

1895 Čechov trifft Lev Tolstoj auf dessen Landgut in Jasnaja Poljana

1896 Praxisaufgabe wegen Lungenkrankheit

1896 Bau einer Schule bei Melichovo; Veröffentlichung und wenig erfolgreiche Uraufführung des Dramas *Die Möwe (Чайка)* (17.11.) im Petersburger Alexandra-Theater; 17.12.1898: erfolgreiche zweite «Uraufführung» am Moskauer Künstlertheater (MChT) unter der Regie von V. Nemirovič-Dančenko und K. Stanislavskij

1897 Klinikaufenthalt in Moskau; Reise nach Paris, Biarritz und Nizza; Erzählung *Die Bauern (Мужики);* Theaterstück *Onkel Wanja (Дядя Ваня)*

1898 Erzählungen *Der Mensch im Futteral (Человек в футляре)*, *Stachelbeeren (Крыжовник)*, *Ionyč (Ионыч)*; Bekanntschaft mit Ol'ga Knipper

1899 Verkauf des Landgutes in Melichovo; Übersiedlung nach Jalta; Bekanntschaft mit Maksim Gor'kij; 26.10.: Premiere von *Onkel Wanja (Дядя Ваня)* am Moskauer Künstlertheater; Erzählung *Die Dame mit dem Hündchen* (*Дама с собачкой*)

1900 Erzählung *In der Schlucht (В овраге)*; Reise nach Wien, Pisa, Florenz, Rom und Nizza; Ehrenmitgliedschaft der Akademie der Wissenschaften in Moskau; 23.–24.10.: liest zusammen mit Schauspielern des Moskauer Künstlertheaters die erste Fassung der *Drei Schwestern (Три сестры)*; bis Dezember: Überarbeitung des Dramas

1901 Reise nach Nizza, Florenz, Rom; 31.1.: Uraufführung des Dramas *Drei Schwestern* im Moskauer Künstlertheater unter der Regie von Stanislavskij, Nemirovič-Dančenko und Lužskij; 25.5.: Heirat mit der Schauspielerin Ol'ga Knipper (1868–1959)

1902 Verleihung des Griboedov-Preises; Austritt aus der Akademie der Wissenschaften als Protest gegen den Ausschluss Gor'kijs

1903 Aufenthalt in Jalta; Verschlechterung des Gesundheitszustandes

1904 17.1.: Veröffentlichung und Premiere des Dramas Der *Kirschgarten (Вишневый сад);* Reise mit seiner Frau nach Badenweiler; 2. (15.) 7.: Čechov stirbt 44-jährig in Badenweiler; Beisetzung auf dem Friedhof des Moskauer Neujungfrauenklosters

Literaturhinweise

Ausgaben

Čechov, Anton P.: *Djadja Vanja* (Onkel Vanja). In: Polnoe sobranie sočinenij i pisem v tridcati tomach. Sočinenija v 18 tomach. Hrsg. von N.V. Bel'čikov [u. a.], 30 Bde., Moskva: Nauka, 1974–1983, Bd. 13 (1978): P'esy (1895–1904), S. 61–116.

Onkel Wanja. Übers. von Wladimir Czumikow. Leipzig: Eugen Diederichs Verlag 1902.

Onkel Wanja. Übers. von August Scholz. Berlin: J. Edelheim Verlag 1902.

Onkel Wanja. Übers. von Johannes von Guenther. Berlin: Rütten & Loening Verlag 1960.

Onkel Wanja. Übers. von Peter Urban. Zürich: Diogenes 1973.

Onkel Wanja. Übers. von Regine Kühn. Berlin: Henschel Schauspiel Theaterverlag 1978.

Onkel Wanja. Übers. von Thomas Brasch. Frankfurt am Main: Suhrkamp 1985.

Onkel Wanja Übers. von Hans Walter Poll. Stuttgart: Reclam 1988.

Onkel Wanja. Übers. von Andrea Clemen. Frankfurt am Main: Fischer TB 1996.

Onkel Wanja. Übers. von Werner Buhss. Berlin: Henschel Schauspiel Theaterverlag 2000.

Onkel Wanja. Übers. von Alexander Nitzberg. München: Drei Masken Verlag 2005.

Onkel Wanja. Übers. von Vera Bischitzky. Düsseldorf: Artemis & Winkler 2006.

Onkel Wanja. Übers. von Elina Finkel. Berlin: Henschel Schauspiel Theaterverlag 2014.

Onkel Wanja. Übers. von Bernd Poßner. Berlin: Verlag epubli 2015.

Sekundärliteratur (Auswahl)

Allen, David: Performing Chekhov. London 2000.

Auzinger, Helene: Čechov und das Nicht-zu-Ende-Sprechen. In: Die Welt der Slaven V (1960), S. 233–244.

Barricelli, Jean-Pierre (Hrsg.): Chekhov's Great Plays. A Critical Anthology. New York/London 1981.

Bartlett, Rosamund: Anton Čechov: Eine Biographie. Wien 2004.

Bauer, Gerhard: Lichtstrahl aus Scherben. Frankfurt am Main 2000.

Bednarz, Klaus: Theatralische Aspekte der Dramenübersetzung. Dargestellt am Beispiel der deutschen Übertragungen und Bühnenbearbeitungen der Dramen Anton Čechovs. Wien 1969.

Bentley, Eric: Craftsmanship in «Uncle Vanya». In: ders. (Hrsg.): In Search of Theater. New York 1953, S. 342–64.

Bicilli, Petr M.: Anton P. Čechov. Das Werk und sein Stil. München 1966.

Birkenhauer, Theresia: Schauplatz der Sprache – das Theater als Ort der Literatur. Maeterlinck, Čechov, Genet, Beckett, Müller. Berlin 2005.

Bjørnager, Kjeld: The masculine triangle in «Uncle Vanya». In: Chekhov 2004. Chekhov Special Issues in Two Volumes. Vol. I. Aspects of Chekhov. EIP Publications 10. Essays in Poetics 30, 2005, S. 45–52.

Bloom, Harold: Anton Chekhov: Modern Critical Views. Philadelphia 1999.

Bordinat, Philip: Dramatic Structure in Chekhov's «Uncle Vanya». In: Slavic and East European Journal, Vol. 16, 1958, S. 195–210.

Borny, Geoffrey: Interpreting Chekhov. Canberra 2006.

Briggs, A.D.P.: Two Months in the Country. Chekhov's Unacknowledged Debt to Turgenev. In: New Zealand Slavonic Journal. 28. 1994, S. 17–32.

Brühl, Christine Gräfin von: Die nonverbalen Ausdrucksmittel in Anton Čechovs Bühnenwerk. Frankfurt am Main [u. a.] 1996.

Čechov, Anton P.: Čechov Briefe. 1897–1901. Hg. und übers. von Peter Urban. Zürich 1983.

–: Über Theater. Hg. von Jutta Hercher und Peter Urban. Frankfurt am Main 2004.

Čechoviana. Čechov i «serebrjanyj vek». Moskau 1996.

–: Mir Čechova: vozniknovenie i utverždenie. Moskva 1986.

Clayton, J. Douglas, Yana Meerzon (Hrsg.): Adapting Chekhov: The Text and its Mutations. London 2015.

–: Čexov's «Djadja Vanja» and Traditional Comic Structure. In: Russian Language Journal 40, 1986, S. 103–110.

–: Chekhov Then and Now: The Reception of Chekhov in World Culture. New York u. a. 1997.

De Maegd-Soep, Carolina: Chekhov and Women: Women in the Life and Work of Chekhov. Columbus, Ohio 1987.

Deppermann, Maria: «Onkel Wanja». In: Bodo Zelinsky (Hrsg.): Tschechows Dramen. Stuttgart 2003 (Reclam UB 17523), S. 47–75.

–: Polyphones Drama – Molekulare Revolution. Čechov als Integrationsfigur der Theatermoderne. In: Nohejl, Regine; Setzer, Heinz (Hrsg.): Anton P. Čechov – der Dramatiker. Drittes internationales Čechov-Symposium Badenweiler im Oktober 2004. München/Berlin 2012, S. 51–78.

Dlugosch, Ingrid: Anton Pavlovič Čechov und das Theater des Absurden. München 1977.

Eekman, Thomas A. (Hrsg.): Critical Essays on Anton Chekhov. Boston 1989.

Engel, Christine: Transformation als Aktualisierung. Zwei Filmadaptionen von «Djadja Vanja». In: Nohejl, Regine; Setzer, Heinz (Hrsg.): Anton P. Čechov – der Dramatiker. Drittes internationales Čechov-Symposium Badenweiler im Oktober 2004. München u. a. 2012, S. 483–492.

Evdokimova, Svetlana: Work and Words in «Uncle Vanja». In: Kataev, Vladimir; Kluge, Rolf-Dieter; Nohejl, Regine (Hrsg.): A. P. Čechov – Philosophische und religiöse Dimensionen im Leben und Werk. Vorträge des Zweiten Internationalen Čechov-Symposiums Badenweiler, 20.–24. Oktober 1994. München 1997, S. 119–126.

Finke, Michael C.: Seeing Chekhov. Ithaca/NY 2005.

Frayn, Michael: Chekhov Plays. London 1988.

Freise, Katja: Vom tragischen zum mythischen Drama. Eine kulturtheoretische Untersuchung am Beispiel der Dramen Anton Čechovs [Diss.]. Universität Oldenburg 2001.

Ginzburg, Natalia: Anton Čechov. Ein Leben. Berlin 2009 (WAT 607).

Gottlieb, Vera: Chekhov and the Vaudeville. Cambridge 1982.

–: Chekhov in Performance in Russia and Soviet Russia. New Jersey 1984.

Gottlieb, Vera, Allain, Paul (Hrsg.): The Cambridge Companion to Chekhov. Cambridge 2000.

Hahn, Beverly: Chekhov: A Study of the Major Stories and Plays. Cambridge 1977.

Hielscher, Karla: Tschechow. München/Zürich 1987.

Hübner, Friedrich: Die Personendarstellung in den Dramen Anton P. Čechovs. Amsterdam 1971.

Jackson, Robert Louis (Hrsg.): Chekhov. A Collection of Critical Essays. Englewood Cliffs 1967.

Karlinsky, Simon; Heim, Michael Henry: Anton Chekhov's life and Thought. Berkeley 1975.

–: «If Only We Could Know!»: An Interpretation of Chekhov. Chicago 2002.

Kataev, Vladimir: Wasted Lives: «Uncle Vanya» (1897). In: Vladimir Kataev: If Only We Could Know. An Interpretation of Chekhov. Chicago 2002.

Kirschstein-Gamber, Birgit: Die Čechov–Szene. Untersuchungen zu Text und Realisierung der Regieanweisungen im Drama Anton Pavlovič Čechovs. Freiburg im Breisgau, Univ. Diss. 1979.

Kissel, Wolfgang Stephan: Čechovs Kosmos. Theater, Raum, Zeit. Köln, Weimar, Wien 2012.

Klejton, J. Daglas: Otsutstvie very. O psichologičeskom stroe, simvolike i poėtike p'esy «Djada Vanja». In: Čechoviana. Melichovskie trudy i dni. Moskau 1995.

Kluge, Rolf-Dieter: Anton P. Čechov. Eine Einführung in Leben und Werk. Darmstadt 1995.

– (Hrsg.): Anton P. Čechov. Werk und Wirkung. Vorträge und Diskussionen eines internationalen Symposiums in Badenweiler im Oktober 1985. 2 Bde., Wiesbaden 1990. (Opera slavica NF 18).

–: A. P. Čechovs dramatische Dichtungen. In: Nohejl, Regine; Setzer, Heinz (Hrsg.): Anton P. Čechov – der Dramatiker. Drittes internationales Čechov-Symposium Badenweiler im Oktober 2004. München/Berlin 2012, S. 15–28.

–: Zynische Ärzte in A.P. Čechovs Dramen. In: Kataev, Vladimir, Kluge, Rolf-Dieter, Nohejl, Regine (Hrsg.): A. P. Čechov – Philosophische und religiöse Dimensionen im Leben und Werk. Vorträge des Zweiten Internationalen

Čechov-Symposiums Badenweiler, 20.–24. Oktober 1994. München, 1997, S. 91–97.

Krasner, David: The Symbolic Function of Sleeping and Awakening in Chekhov's «Uncle Vanya». In: Theatre Studies 39.1994, S. 5–18.

Krinicyn, Aleksandr: Poėtika i semantika pauz v dramaturgii Čechova. In: Nohejl, Regine; Setzer, Heinz (Hrsg.): Anton P. Čechov – der Dramatiker. Drittes internationales Čechov-Symposium Badenweiler im Oktober 2004. München/Berlin 2012, S. 176–185.

Magarshack, David: Chekhov the Dramatist. London, 1980.

Martin, David: Philosophy in Chekhov's Major Plays. In: Die Welt der Slaven 23 (1978), S. 122–139.

Melchinger, Siegfried: *Waldgeist / Onkel Wanja*. In: ders.: Tschechow. Velber bei Hannover 1968 (Friedrichs Dramatiker des Welttheaters, 57), S. 88–96.

Moravčevich, Nicholas: Women in Chekhov's Plays. In: Jean-Pierre Barricelli (Hrsg.): Chekhov's Great Plays: A Critical Anthology. New York 1981, S. 201–217.

Morson, Gary Saul: «Uncle Vanya » as Prosaic Metadrama. In: Robert Louis Jackson (Hrsg.): Reading Chekhov's Text. Evanston 1993, S. 214–27.

Nemirowitsch-Dantschenko, Wladimir, Stanislawski, Konstantin: Tschechow oder die Geburt des modernen Theaters. Hg. von Dieter Hoffmeier. Berlin/ Köln 2011.

Nohejl, Regine; Setzer, Heinz (Hrsg.): Anton P. Čechov – der Dramatiker. Drittes internationales Čechov-Symposium Badenweiler im Oktober 2004. München/Berlin 2012.

Peace, Richard: Anton Čechov: «Djadja Vanja» (Onkel Vanja). In: Das russische Drama. Hg. von Bodo Zelinsky unter Mitarbeit von J. Herlth. Köln u. a. 2012, S. 248–261; 493–496.

–: The Chekhov Play: A New Interpretation. Berkeley 1985.

Rayfield, Donald: Anton Chekhov: A Life. New York 1998.

–: Chekhov's «Uncle Vania» and «The Wood Demon». London 1995.

Redmond, James: Drama and Symbolism: Themes in Drama 4. Cambridge 1982.

Russell, Robert, Barratt, Andrew (Hrsg.): Russian Theatre in the Age of Modernism. London 1990.

Salevsky, Heidemarie: Aspekte der Translation: Ausgewählte Beiträge zu Translation und Translationswissenschaft. Hg. von Ina Müller. Frankfurt am Main u. a. 2009.

Scheck, Frank Rainer: «Onkel Vanja». In: ders.: Anton Čechov. München 2004, S. 137–140.

Scheibitz, Christina: Mensch und Mitmensch im Drama Anton Čechovs: Analyse der Dialogtechnik. Göppingen 1972.

Schmid, Herta: Der Aufbau der thematischen Bedeutung in Ostrovskijs «Groza» (Das Gewitter) und in Čechovs «Djadja Vanja» (Onkel Vanja). In: Zugänge zu Ostrovskij. A. G. F. van Holk (Hrsg.). Bremen 1979, S. 3–89.

Senelick, Laurence: The Chekhov Theatre: A Century of the Plays in Performance. Cambridge 1997.
Sherbinin, Julie de: Chekhov and Russian Religious Culture: The Poetics of the Marian Paradigm. Evanston 1997.
Sobennikov, Anatolij: Meždu «Est' Bog» i «net Boga» – o religiozno-filosofskich tradicijach v tvorčestve A. P. Čechova. Irkutsk 1997.
Sproede, Alfred: «Lustspiel» bei Čechov? Elemente des Komischen und Strukturen der Komödie in «Lešij» und «Djadja Vanja». In: Nohejl, Regine; Setzer, Heinz (Hrsg.): Anton P. Čechov – der Dramatiker. Drittes internationales Čechov – Symposium. München u. a. 2012, S. 431–442.
Stanislawski, Konstantin S.: Mein Leben in der Kunst. Berlin 1987.
Steltner, Ulrich: Über Čechov und über die Zeit: Eine literaturwissenschaftliche Erörterung. Zeitschrift für Slawistik: Vol. 53, Nr. 4 (2008), S. 456–466.
Stepanov, Andrej D.: Problemy kommunikacii u Čechova. Moskva 2005.
Stroeva, Marianna N.: Čechov i drugie. Moskva 2009.
Swift, Mark: Biblical Subtexts and Religious Themes in Works of Anton Chekhov. New York, Berlin u. a. 2004.
Szondi, Peter: Die Krise des Dramas: Tschechow. In: ders.: Theorie des modernen Dramas (1880–1950). Frankfurt am Main [9]1973 (es 27), S. 32–40.
Tigges, Stefan: Von der Weltseele zur Über–Marionette: Cechovs Traumtheater als avantgardistische Versuchsanordnung. Bielefeld 2010.
Urban, Peter (Hrsg.): Anton Čechov. Sein Leben in Bildern. Zürich 2003.
–: Čechov Chronik. Daten zu Leben und Werk. Zürich 2004.
–: «Entscheidend ist der Ton». Über die Kunst, Čechov zu übersetzen. In: Tintenfass. Das Magazin für den überforderten Intellektuellen. Nr. 28 (2004), S. 95–98.
–: Über Čechov. Zürich 1988.
Vitins, Ieva: «Uncle Vanja's» Predicament. In: Slavic and East European Journal, Vol. 22, Nr. 4, Winter 1978, S. 454–63.
Whyman, Rose: Anton Chekhov. London/New York 2011.
Wolfheim, Elsbeth: Anton Čechov in Selbstzeugnissen und Bilddokumenten. Reinbek bei Hamburg 1982.
Wörn, Dietrich: Čechovs Dramen und das Theater der Symbolisten. In: Nohejl, Regine; Setzer, Heinz (Hrsg.): Anton P. Čechov – der Dramatiker. Drittes internationales Čechov – Symposium Badenweiler im Oktober 2004. München/Berlin 2012, S. 79–88.
Zingerman, Boris: Teatr Čechova i ego mirovoe značenie. Moskva 2001.

URL (kleine Auswahl)
http://ilibrary.ru/author/chekhov/
http://lib.ru/LITRA/CHEHOW/
http://public-library.narod.ru/Chekhov.Anton/
http://bildungsserver.hamburg.de/tschechow/
http://chehov.niv.ru/

http://www.wikiwand.com/de/Onkel_Wanja
https://anthrowiki.at/Anton_Pawlowitsch_Tschechow
https://www.deutsche-tschechow-gesellschaft.de/Anton-P.-Tschechow/Leben-und-Werk/Anton-Pawlowitsch-Tschechow-aus-dem-Leben-und-Werk-des-Schriftstellers
http://chehov-lit.ru/chehov/text/dyadya-vanya-primechaniya.htm
https://de.scribd.com/document/384777029/Chekhov-Bibliography

Nachwort

«Man muss, meine Herrschaften, ein Werk schaffen!»
«Надо господа, дело делать!»

> «Die, die zweihundert Jahre nach uns leben werden und die uns dafür verachten werden, dass wir unser Leben so dumm und so geschmacklos zugebracht haben – sie werden vielleicht das Mittel finden, wie man glücklich wird ...».
> (Astrov)[1]

Anton Čechovs *Djadja Vanja* gehört neben *Čajka* («Die Möwe», Ende 1895), *Tri sestry* («Die drei Schwestern», 1901) und *Višnëvyj sad* («Der Kirschgarten», 1904) zum Quartett seiner weltweit meistgespielten Theaterstücke. Der «schwere Hammer», wie Maksim Gor'kij nach dem Besuch einer Aufführung die «Szenen aus dem Landleben in vier Akten» 1898 apostrophierte, ist nicht zuletzt aufgrund seiner innovatorischen Formen und Techniken sowie seiner thematischen Ausgestaltung von Angst, Verzweiflung, Beziehungsstress, Weltschmerz, Tatenlosigkeit und Langeweile ein weiteres Indiz dafür, dass Čechov zum Spiritus movens des modernen Theaters avancierte: Er wurde der Wegbereiter von Beckett und Ionesco und ein Vorbild für zahlreiche prominente Dramatiker, etwa George Bernard Shaw, Edward Albee, Eugene O'Neill, Thornton Wilder, Tennessee Williams oder Arthur Miller.[2]

Djadja Vanja entspringt der 1887/88 entstandenen, dramaturgisch noch ganz der Dynamik Aleksandr Ostrovskijs verpflichteten und den zivilisationskritischen bzw. sozialethischen Lehren Lev Tolstojs folgenden Komödie *Lešij* («Der Waldschrat»), deren Moskauer Uraufführung 1889 beim Publikum und bei der Kritik durchfiel. Der frustriert-ernüchterte Čechov zog das Stück komplett zurück und entschloss sich daraufhin, keine Bühnenstücke mehr zu schreiben. Erst mit hinreichendem Abstand, nach einer längeren Sachalinreise und Vollendung der *Möwe*, arbeitete er – vermutlich – Ende 1896 das Werk grundlegend um, indem er die Personenzahl von dreizehn auf neun verringerte, die Figuren insgesamt unschärfer und damit vielschichtiger skizzierte, unter Preisgabe des Happy-End die Handlung verdichtete, auf Konfliktlösungen verzichtete sowie melodramatische Szenen und Volkstheater-Komik eliminierte.[3] Zudem änderte er die Gattungsbezeichnung «Komödie» in die neutrale Angabe «Szenen aus dem Landleben». Allerdings blieb die – bis heute aktuelle – ökologische Idee. In *Djadja Vanja*, das ist das Besondere an diesem Stück, steht die Naturzerstörung in enger

---

[1] Akt 4. – Diese und alle im Folgenden zitierten Textpassagen beziehen sich auf die Übertragung von Peter Urban.

[2] Zelinsky (2012), S. 443.

[3] Sproede (2012), S. 434; vgl. auch: http://chehov-lit.ru/chehov/text/dyadya-vanya-primechaniya.htm.

Verbindung mit äußerst angespannten zwischenmenschlichen Beziehungen. Erstmalig erschien *Djadja Vanja* in Čechovs Dramenband von 1897. Auf dieser Grundlage erfuhr das Stück Bühnenaufführungen in Kazan, Odessa, Kiev, Nižnij Novgorod, Saratov und Tiflis, von denen der Autor aber keine einzige sah. Trotz der Erfolge in der Provinz war Čechov nur mäßig zufrieden. In einem Brief an seinen Bruder Michail vom 26. Oktober 1898 schrieb er: «Mein ‚Onkel Vanja' läuft durch die ganze Provinz und ist überall ein Erfolg. Siehst du, man weiß eben nie, wann man gewinnt und wann man verliert. Ich hatte ganz und gar nicht auf dieses Stück gesetzt.» Erst am 26. Oktober 1899 wurde das Stück am Moskauer Künstlertheater unter der Regie von Konstantin Stanislavskij und Vladimir Nemirovič-Dančenko offiziell uraufgeführt. Die Aufführung, bei der Čechov nicht zugegen war, war ein großer Erfolg, besonders aufgrund der herausragenden schauspielerischen Leistungen. Mehrere Telegramme, die den Autor auf Jalta erreichten, überschlugen sich vor Komplimenten. Der Schauspielerin Ol'ga Knipper (1868–1959) – ab 1901 Čechovs Frau –, die die Rolle der Elena Andreevna spielte, teilte er lakonisch am 30. Oktober 1899 mit: «Das erste Mal, dass mich mein eigener Ruhm nicht schlafen ließ … In den Telegrammen war von nichts anderem die Rede als von Vorhängen und einem glänzenden Erfolg …». Lev Tolstoj, der zeitlebens das Theater als Stützpfosten von Werteordnung und moralischem Ideengehalt betrachtete, verurteilte Fremdgehen und Trunksucht auf der Bühne, ja, wollte, nachdem er Anfang Januar 1900 eine Aufführung von *Djadja Vanja* gesehen hatte, «nicht einmal mehr den Unterschied zwischen Rolle und Realität gelten lassen».[4] Obwohl er prinzipiell Čechov als Schriftsteller schätzte, mochte er – peinlich missverstehend – den Dramatiker Čechov überhaupt nicht: «Ihre Stücke kann ich trotzdem nicht ausstehen. Shakespeare hat miserabel geschrieben, aber Sie schreiben noch schlimmer!»[5] Über *Djadja Vanja* war Tolstoj schlichtweg entrüstet; die Figuren Astrov und Onkel Vanja stellte er «als Dreckskerle und Drückeberger» hin.[6] Positiv äußerte sich Maksim Gor'kij Ende Januar 1900: «In dem Theaterstück sehe ich Gewaltiges, Symbolisches, und in der Form ist es ein vollkommen originelles Stück, ein unvergleichbares Stück.»[7] Wenige Monate nach der Uraufführung bat der russophile Rainer Maria Rilke um die Übersetzungsrechte des Textes ins Deutsche; seine Übertragungen von *Djadja Vanja* – und ebenso der *Möwe* – sind allerdings unauffindbar bzw. nicht realisiert worden, weil Rilke vermutlich «die russischen Originale nicht erhielt oder weil er keinen deutschen Verleger fand.»[8] Die ersten Aufführungen in Deutschland (München 1903, Berlin 1904) waren erfolglos; das Stück verschwand vorerst von deutschen Spielplänen. Erst 1926 zog *Djadja*

---

[4] Urs Heftrich: «Das Fräulein wusste sich zu wehren». In: Neue Zürcher Zeitung v. 20.11.2010.

[5] ebd.

[6] … Астров и дядя Ваня — дрянь люди, бездельники ….. In: http://chehov-lit.ru/chehov/text/dyadya-vanya-primechaniya.htm.

[7] ebd.

[8] Rilke Handbuch. Leben – Werk – Wirkung. Sonderausgabe. Hg. v. Manfred Engel. Stuttgart u. a. 2013, S. 103.

Vanja nach einer Aufführung in Berlin die erhöhte Aufmerksamkeit des deutschen Publikums und der Kritik auf sich.[9]

Mit seinen Theaterstücken setzte sich Čechov zum Ziel, entgegen dem traditionellen, naturalistisch gestalteten Drama mit abgeschlossener Handlung, Höhepunkt und Lösung, eine «Poetik des Trivialen», eine «Verdichtung von Alltagserfahrungen», auf die Bühne zu bringen und «den ganzen Kosmos unseres modernen Lebens und Denkens» (Hielscher) zu erfassen.[10] In *Djadja Vanja* präsentiert Čechov Figuren, in deren gewohntem Leben vorwiegend nichts Bedeutsames geschieht, die in ihrer unerfüllten Gegenwart gelähmt, ja gescheitert sind und nun ihr Dasein auf der Suche nach Glück und Unabhängigkeit in einer unbeschwerten Zukunft abtasten. Innere, psychische Spannungen, Verbitterung, Lebensenttäuschung, Missgunst, Streit, Zorn rufen Aggressivität und Autoaggressivität hervor, die soziale Bindungen voneinander trennen.[11] Das Streben der Protagonisten nach Änderung bleibt jedoch unter dem Strich wirkungslos. Aufflackernde Hoffnungen verpuffen, Entschlossenheit, Kraft und Mut fehlen, Desillusionierung und Sinnkrise verbleiben, gestörte Beziehungen überdauern, entscheidende Veränderungen finden nicht statt. Letztlich bedingen Apathie und Nicht-Handeln die Verhaltensweisen der Charaktere. Das Leben setzt seinen eingespielten Trott weiter fort und erstarrt in alten Mustern: Liebe bleibt chancenlos, Intellekt ergebnislos, Religion aussichtslos. «So sind wiederum alle handelnden Figuren mit Fehlern und Schwächen behaftet und auf das Menschlich-Allzumenschliche reduziert.»[12] Dabei verzichtet Čechov, der «menschlichste aller Schriftsteller», – so der US-amerikanische Romancier Richard Ford – , im Gegensatz etwa zu Lev Tolstoj, auf jegliches Moralisieren: Er entsagt einer festgeschriebenen Weltanschauung, sortiert nicht ein, klagt nicht an, verteidigt nicht, stempelt nicht ab und spricht seinen Personen ein individuelles Dasein zu – und dies alles mit großer Empathie und einem Quantum «Humorhaftigkeit». Čechov ist in seinen Werken nie zu einem «kaltschnäuzigen Zyniker» geworden (Hielscher). Wie auch in seinen übrigen Theaterstücken bemüht sich der Autor als Diagnostiker menschlichen Tuns, den Leser bzw. das Theaterpublikum für Empfindungsvermögen zu sensibilisieren und zum kritischen Nachdenken über das Weltverständnis seiner vielgestaltigen Figuren, die aus einem Mosaik von bedeutungsvollen, belanglosen, schmerzlichen oder kuriosen existentiellen Geschehnissen geformt sind, einzustimmen.

Das Stück mit einer vielgestaltigen Dichte, das um weltanschauliche, familiäre, amouröse, ökonomische und ökologische Themen kreist, verknüpft im Allgemeinen soziale und psychologische Kernfragen. Die Handlung spielt auf einem Landgut in der russischen Provinz, wo eine gleichtönig-phlegmatische Grund-

---

[9] Weitere Informationen zu Aufführungen auf deutschen Bühnen bis Ende der 1980er finden sich im Nachwort zu «Onkel Wanja» von Hans Walter Poll in: Anton Tschechow: Onkel Wanja. Stuttgart 1988 (Reclams Universal-Bibliothek Nr. 8738), S. 72–75.

[10] Deppermann (2003), S. 48, 49; Karla Hielscher (Rez. zu W. Kissel), in: Osteuropa 9/2012, S. 135.

[11] Kissel (2012), S.95.

[12] Kluge (1995), S. 125.

stimmung ohne besondere Ereignisse, ein regelmäßiger Lebensrhythmus und eine nur langsam vergehende Zeit den Ton angeben, der alle Hauptfiguren ausgeliefert sind. Das Geschehen des Dramas findet am Ende des 19. Jahrhunderts statt. In Russland jener Zeit führen das Schlingern der autokratischen Zarenherrschaft und die rasante Industrialisierung zu gesellschaftspolitischen und wirtschaftlichen Umbrüchen. Die Unzufriedenheit der unter unerträglichen Bedingungen lebenden Industriearbeiterschaft, die prosperierende Selbstbehauptung des entstehenden Bürgertums, die umfassenden Spannungen im Verhältnis der Normalbevölkerung zur Intelligenzija, der entschiedene Durchbruch naturwissenschaftlich-technischen Fortschritts und utopischer Ideen sowie immer gravierender werdende soziale Unruhen lassen die geistige Atmosphäre Russlands im Spannungsfeld zwischen Fortschrittserwartungen und Rückständigkeit, zwischen Aufbegehren und Lethargie erscheinen.

Djadja Vanja ist von einer Ankunft- und Abreiseszene umrahmt. Ein bereits seit langem schwelender Konflikt wird durch die Ankunft von Ivan Vojnickijs (Onkel Vanjas) Schwager Aleksandr Serebrjakov mit seiner zweiten, dreißig Jahre jüngeren Frau Elena ausgelöst und setzt die Handlung in Gang. Serebrjakov, ein mittlerweile emeritierter Professor der Kunstgeschichte, betrachtet das Landgut unmissverständlich als seinen eigenen Besitz. Seine verstorbene erste Frau Vera, Vanjas Schwester und Sonjas Mutter, hat als Erbteil ein heruntergewirtschaftetes Landgut erhalten, das der sonderbare, 47-jährige Vojnickij fünfundzwanzig Jahre lang und seit zehn Jahren zusammen mit seiner Nichte Sonja bis zur Erschöpfung arbeitend und sparsam lebend, treusorgend und rentabel verwaltet hat. Den erwirtschafteten Gewinn hat er uneigennützig und regelmäßig Serebrjakov für dessen Lebenshaltung in der Großstadt zukommen lassen. Aus Stolz und Ehrfurcht vor der idealisierten Autorität des Professors, der als Küstersohn die soziale Leiter emporgeklommen ist, hat er nachts sogar dessen Manuskripte abgeschrieben. Der ums Geld besorgte Serebrjakov («Silberling»)[13] wirft nach seiner Ankunft mit seinem kapriziösen und launenhaften Verhalten den altgewohnten Lebensalltag auf dem Landgut völlig durcheinander. In der russischen Provinz fühlt sich der europäisch gebildete Stadtmensch Serebrjakov wie auf einem fremden Planeten in Verbannung und von seiner Umgebung angefeindet. Beizeiten entpuppt er sich als anfälliger Hypochonder, egozentrischer Besserwisser und in einer Scheinwelt lebender «eklektischer Phrasadeur» (Kluge). Vojnickij sieht sich eklatant getäuscht von dem falschen Bild, das er sich vom Professor gemacht hat, und ordnet Serebrjakovs zweite Heirat mit einer deutlich jüngeren Frau als «posthumen Treuebruch» gegenüber seiner bewunderten Schwester ein.[14] «Der Mann hält fünfundzwanzig Jahre Vorlesungen und schreibt über Kunst, ohne von Kunst eine Ahnung zu haben» (Akt 1). Vanjas Beziehung zu Serebrjakov wird immer verbitterter: «Oh, wie bin ich betrogen! […] Er ist im Ruhestand, und jetzt wird die ganze Bilanz seines Lebens offenbar: keine einzi-

[13] Der symbolische Name ist vom russischen Wort «серебро» (Silber) abgeleitet

[14] Deppermann (2003), S. 59.

ge Seite bleibt von dieser Arbeit, er ist vollkommen unbekannt, er ist ein Nichts! Eine Seifenblase! Und ich bin betrogen … ich sehe es – aufs dümmste betrogen …» (Akt 2). Vanja, dessen anfängliche Hochachtung gegenüber Serebrjakov nun in Wut umschlägt, sieht sich einer langjährigen Illusion beraubt und betrachtet den «Stockfisch» (вобла) und «gelehrten Magier» ohne schöpferisches Talent als den angeblich Schuldigen für sein ungelebtes und verpatztes Leben. Vanja hadert mit seinem Schicksal: «Du hast mein Leben zerstört! Ich habe nicht gelebt! Ich habe nicht gelebt!» (Akt 3). Sein hoffnungsvolles Sehnen, in der hübschen jungen Frau des Professors eine Geliebte und Partnerin zu finden, wird durch Elenas unmissverständliche Abweisung («Lassen Sie das!» […] «Gehen Sie schlafen! Sie langweilen mich», Akt 2) ihm gegenüber unterbunden. Vojnickij, der bei seinem Werben mit einem – von Čechov sinnbildhaft verstandenen – Herbstrosenstrauß eine unglückliche, ja beschämend-komische Figur abgibt und darüber hinaus seinen Freund Astrov, der Elena ebenfalls Avancen macht, in kompromittierender Pose vorfindet, fühlt sich am Rande eines Nervenzusammenbruchs und in einer existentiellen Krise gefangen: «… wie ein Alptraum quält mich der Gedanke, dass mein Leben unwiederbringlich verloren ist» (Akt 2). Seine Sinnkrise findet aber noch eine weitere Steigerung. Während der Dramenhöhepunkt des inneren Geschehens in der Herbstrosenszene gipfelt, bildet die doppelte Fehlschussszene ihren äußeren Kulminationspunkt.[15] Der depressiv veranlagte Vojnickij, der die gesamte Dramenhandlung hindurch «Krieg führt»[16], mit sich selbst und anderen, und provozierend Anstoß erregt, schießt verzweifelt und in blinder Wut zweimal auf Serebrjakov – ohne zu treffen, nachdem jener selbstsüchtig und rücksichtslos den überraschenden, vorher nicht mitgeteilten Verkauf des Landgutes angekündigt hat. Der misslungene Tötungsversuch wird von Čechov ins Komische gezogen; «die Beinahe-Tragödie wird zur Farce» (Kissel), ist Belustigung für den unbeteiligten Zuschauer, aber bitterer Ernst für die Beteiligten: «Ein verbitterter Mann mittleren Alters jagt einen hypochondrischen Greis mit geladener Pistole durch den Salon eines Gutshauses in der Provinz.»[17] Der tragikomische Gewaltausbruch im Affekt bleibt für Vanja ohne (rechtliche) Auswirkungen, selbst das Opfer will den Täter nicht zur Rechenschaft ziehen: Der Schuss hat in Čechovs Dramatik eine rein psychologische und keine handlungsentscheidende Funktion.[18] Somit trifft der Illusionist Vanja im übertragenen Sinne erneut daneben; seine wenigen Handlungsversuche laufen ins Leere und bewirken keine entscheidende Veränderung. Er schämt sich seiner Tat, stellt seinen Menschenverstand in Frage («Ich bin verrückt», Akt 4), betrinkt sich und erwägt einen Selbstmordversuch, von dem

[15] ebd., S. 64.

[16] Vojnickijs sprechender Name leitet sich von *война* = Krieg ab; s. Peace (2012), S. 249.

[17] Kissel (2012), S. 119.

[18] vgl. Hielscher (1987), S. 97f. über das Motiv des Schusses in Čechovs Dramen. Der «beiläufige» Schuss in der *Möwe* findet hinter der Bühne statt und setzt dem Leben des jungen Schriftstellers Treplëv ein Ende; Solënyjs Duellschuss in den *Drei Schwestern* ist nicht ins dramatische Geschehen eingebunden, sondern ist die aberwitzige Mordtat einer Nebenfigur; im *Kirschgarten* wird nicht geschossen.

ihn Sonja aber abbringen kann. Zwei Geschehnisse – die stümperhafte Herbstrosen- und die missglückte Schussszene – formen anstelle des traditionellen dramatischen Höhe- und Wendepunktes in Čechovs *Djadja Vanja* eine doppelte Antiklimax. Immerhin hat Vojnickij durch sein Verhalten ungeplant zur hastigen Abreise des unliebsamen Ehepaars beigetragen und das Landgut vor dem Verkauf und dessen Bewohner vor dem Nichts bewahrt. Hier kann der ewige Junggeselle Onkel Vanja sich nun weiterhin um Vorhandenes und Bewährtes kümmern, sich in Arbeit stürzen, sich seinen Illusionen hingeben und sich auf die Hilfe seiner Nichte Sonja stützen. Substantielles bleibt allerdings im Kern unverändert. Zur Verwirklichung von Neuem, Eigenem und durchschlagenden Veränderungen fehlt Vanja die Entschlusskraft. «Mir ist so schwer ums Herz. Ich muss mich so schnell wie möglich mit irgendetwas beschäftigen …! *Wühlt in den Papieren auf dem Tisch*» (Akt 4). «Onkel Wanja ist weder ein Held noch ein Versager. Er ist ein Mensch, der seine Grenzen hat.»[19]

Der Landarzt Michail L'vovič Astrov[20] – Čechovs Alter Ego – bildet den Kontrapunkt zu Vojnickij. Er wartet auf Serebrjakov, den er wegen eines rheumatischen Leidens behandeln soll. Wie Onkel Vanja hat auch er – wie übrigens fast alle Figuren im Stück – seine schrulligen Eigenheiten. Er ist ein «interessanter und origineller Mensch» (Elena), ein kluger und reflektierender Mann voller Aktivität und Ideale, ist zugleich «Bahnbrecher und Sonderling» (Deppermann), ein «Sonderling unter Sonderlingen» (Kissel), der unter ständigem Zeitdruck steht. Astrov ist Vertreter des naturwissenschaftlich-technischen Zeitalters und zählt zu den Vertretern der Zemstvo-Intelligencija, d. h. zu der gesellschaftlich angesehenen, von der Regierung aber wenig unterstützten liberalen Bewegung der lokalen Selbstverwaltung, die sich für ein funktionierendes Gemeinwesen in der Provinz einsetzt, um medizinische Versorgung, Rechtsprechung und Infrastruktur einzurichten. Als idealistischer Zemstvo-Arzt und Vegetarier engagiert er sich tiefgreifend für die Medizin und die Wälder. Astrov ist, wenn man so will, ein Vorläufer heutiger Umweltschützer. Er ist ein Kenner der lokalen Fauna und Flora, hat einen Mustergarten und eine Baumschule angelegt und zeichnet darüber hinaus Kartogramme, auf denen er den sich verändernden Zustand der Wälder dokumentiert. Schwärmerisch sieht Astrov Verbindendes zwischen der ökologischen Idee und dem Idealbild vom Menschen, wozu für ihn vor allem Schönheit zählt. Sonja, die Astrov liebt, zeigt sich begeistert von dessen naturbewusstem Leitbild, das eng mit dem Schutz der Umwelt und des Klimas durch vernunftbegabte Menschen in Wechselbeziehung steht: «Er sagt, Wälder verschönern die Erde, sie lehren den Menschen, das Schöne zu verstehen, und

---

19 Deppermann (2003), S. 64–65.

20 Čechov, selbst ausgebildeter Arzt, bezieht in sein (dramatisches) Werk immer wieder Arzttypen ein und stellt ein mehrdeutiges Bild dieses Berufsstandes dar. Die Arztfiguren Astrov in *Djadja Vanja*, Dorn in *Čajka*, Čebutykin in *Tri sestry*, L'vov in *Ivanov*, Trileckij in *Platonov* sind durchweg nüchtern-intelligente, bisweilen ironisch-distanziert agierende Menschen mit Einblick in soziale Missstände; sie wissen aber auch um ihre eigenen menschlichen Grenzen, ihre Gleichgültigkeit, Hilflosigkeit und ihren Zynismus.

flößen ihm eine erhabene Stimmung ein.» (Akt 2). Beseelt, fast ekstatisch und utopisch, illustriert Sonja die Ansichten des Arztes über den Einfluss des milden Klimas auf den Menschen: « … und darum ist dort der Mensch auch weicher und milder; dort sind die Menschen schön, geschmeidig, leicht erregbar, ihre Rede und Künste, ihre Philosophie ist nicht düster, ihr Verhältnis zur Frau ist von ausgesuchtem Adel …» (Akt 2). Trotz Visionen ist der hoffnungslos überarbeitete und vom stumpfsinnigen Landleben verbitterte Astrov ein wenig glücklicher Mensch und von Selbstzweifeln geplagt. Die Lebensrealität («Ich bin alt, abgearbeitet, banal, all meine Sinne sind abgestumpft ...») hat ihn zum Trinker, Misanthropen, Zyniker und Pessimisten mit «zerstörerischem Potential» (Kluge) werden lassen. Ein berufliches Debakel – ein Patient ist während einer Operation unter seiner Hand gestorben – und Liebesunfähigkeit, sprich die Nichtvereinbarkeit von Triebhaftigkeit und wahrer Liebe, befeuern seine zynisch-negative Lebenshaltung. Bereits bei Dramenauftakt skizziert Čechov mit wenigen Strichen die Lebensphilosophie des «komischen Kauzes» (чудак) Astrov: «Ja, und auch das Leben an sich ist langweilig, dumm, dreckig. … Es schleppt sich so dahin, dieses Leben. […] Ich will nichts, ich brauche nichts, ich liebe niemanden» (Akt 1). Der sinnliche Astrov hat seine Bindungsfähigkeit verloren: «… ich kann mich an keinen Menschen mehr binden. Ich liebe niemanden und … werde auch niemanden mehr lieben. Was mich noch ergreift, das ist Schönheit» (Akt 2). So ist er unfähig, die Liebe Sonjas, die sich selbst als «unansehnlich» (некрасива) beschreibt, zu beantworten, obwohl er ihre liebenswerte Wesensart und charakterlichen Qualitäten erkennt. Umso stärker ist er empfänglich für ästhetische Reize und äußere Attraktivität. Blindlings erliegt er Elenas «raubtierhafter», sexueller Anziehungskraft, obwohl sie seinem Ideal des körperlich-geistig-seelischen Gleichklangs letztendlich nicht perfekt entspricht. «Sie liebes kleines Raubtier […]. Ich ergebe mich. Hier bin ich, fressen Sie mich! […] Sie wunderbare, herrliche … Einen Kuss … Ich möchte nur ihre duftenden Haare küssen» (Akt 3). Vielsagend ist Astrovs «Beziehungsphilosophie»: «Eine Frau kann Freundin eines Mannes nur in dieser Reihenfolge werden: zuerst gute Bekannte, dann Geliebte, und dann Freundin» (Akt 2).

Die Eigenart des Dramentextes, vielfältige und gegensätzliche Deutungen zuzulassen, eröffnet dem Theater ein breites Spektrum an Gestaltungsmöglichkeiten. So lässt das amouröse Verhältnis zwischen Astrov und Elena verschiedene Auslegungen bzw. Optionen der künstlerischen Wiedergabe zu, die erotischen Flirt, entflammte Leidenschaft, sexuellen Rausch oder gar wahre Liebe implizieren können. Das Beziehungsgewebe der Figuren erschließt prinzipiell variable Freiräume für die Bühnendramaturgie von Čechovs *Djadja Vanja*.

Zynisch und abwertend beschwert sich Astrov über die spießige Gegenwart, über Nörgler, Phrasendrescher und rückständige Bauern: «Wir haben es hier zu tun mit einem Verfall, der herrührt aus einem die Kräfte übersteigenden Kampf ums Dasein; es ist ein Verfall aus Lethargie, aus Unbildung, aus dem völligen Fehlen von Selbstbewusstsein. […] Es ist schon fast alles zerstört, aber als Ersatz dafür ist noch nichts, nichts Neues geschaffen» (Akt 3). Dies bezieht Astrov auch auf die Natur. Er ist in tiefer Sorge um den Erhalt der ökologischen Fundamente der Menschheit. In einem umfangreichen Monolog warnt er – gleichsam als Sprachrohr Čechovs – vor widrigen Veränderungen in Natur und Klima und macht auf ein zukünftiges drastisches Waldsterben aufmerksam:

> «Man muss ein Barbar ohne Sinn und Verstand sein, um diese Schönheit in seinem Ofen zu verbrennen, um das zu zerstören, was wir nicht wieder erschaffen können. Der Mensch ist mit Vernunft und Schöpferkraft begabt, um zu vermehren, was ihm gegeben worden ist, aber bis heute hat er nichts geschaffen, sondern nur zerstört. Wälder gibt es immer weniger und weniger, die Flüsse versiegen, das Wild stirbt aus, das Klima ist verdorben, und mit jedem Tag wird die Erde ärmer und gesichtsloser» (Akt 1).

Čechovs prägnante Vorhersage ist prophetisch, sein Grundgedanke über die Balance von Ökologie und Ökonomie trifft den Kern unserer Zeit. Ein wenig später geht Elena im Gespräch mit Vojnickij, dem sie heftige Vorwürfe wegen seiner Streitsucht macht, noch einen Schritt weiter und bemerkt eindringlich, dass nicht nur die ökologische Problematik zur Disposition steht, sondern darüber hinaus moralische Prinzipien und das Verhältnis von Mann und Frau durch den «Dämon der Zerstörung» (бес разрушения) ruiniert werden. Scharf klagt sie an:

> «Genauso zerstört ihr ohne Sinn und Verstand den Menschen, und bald wird es, euretwegen, auf der Erde keine Treue mehr geben, keine Reinheit, keine Aufopferungsgabe … Warum könnt ihr eine Frau nicht gleichgültig ansehen, wenn sie nicht euch gehört? Weil […] in euch allen der Dämon der Zerstörung sitzt. Euch tut es nicht leid um die Wälder, Vögel, die Frauen, nicht einmal um euch selbst» (Akt 1).

Auch hier spricht Čechov ein hochaktuelles Thema an, indem er die ökologische Problematik mit allgemein menschlichem Verhalten in Verbindung setzt: Nur integre, moralisch handelnde Menschen, so das Anliegen des Autors, vermögen «die Natur und das menschliche Leben, die Seinsordnung insgesamt zu schützen und zu erhalten.»[21] In den Zeitdimensionen der Vergangenheit und Zukunft empfindet Astrov ein glückliches Lebensgefühl. Er verherrlicht die Vergangenheit und entwirft die «kühnsten Zukunftspläne», wenn er betrunken ist. Wie etwa auch seine «Geistesbrüder» Veršinin in den *Drei Schwestern* und Trofimov im *Kirschgarten* sucht Astrov – wie sein symbolischer Name suggeriert[22] – Erfüllung «in den Sternen», strebt «höhere Dinge», in einer fernen, diffusen Zukunft an. «Die, die zweihundert Jahre nach uns leben werden und die uns dafür verachten werden, dass wir unser Leben so dumm und so geschmacklos zuge-

---

[21] Kluge (1995), S. 125.
[22] von lat. *astrum* = Stern; vgl. Peace (2012), S. 249.

bracht haben – sie werden vielleicht und so das Mittel finden, wie man glücklich wird, aber wir ...» (Akt 4). Am Ende, nach der Abreise des ungleichen Professorenehepaars, sind Astrovs Visionen in Luft aufgelöst; es bleibt die farblose, banale Gegenwart. Auch er reist ab, wenngleich zögerlich: «Es ist warm, behaglich ... Ich habe gar keine Lust wegzufahren» (Akt 4).

Der männlichen Figurentrias Vojnickij – Astrov – Serebrjakov stehen die beiden weiblichen Charaktere Sof'ja Aleksandrovna (Sonja) und Elena Andreevna komplementär gegenüber. Beide Frauen repräsentieren zwei unterschiedliche weibliche Typen, was sich bereits aus ihren Vornamen erschließen lässt. Wie bereits bei den männlichen Pendants legen auch die weiblichen Vornamen symbolische Bedeutungen nahe. Elena, die junge und verführerische Frau des Professors, erinnert an die antike Helena, deren körperlicher Schönheit Männer wehrlos ausgeliefert waren. Der Name Sof'ja ist angelehnt an das griechische Urbild der Heiligen Sophia, der Verkörperung von Weisheit und innerer Schönheit.[23]

Sonja, die unter ihrer Unansehnlichkeit und unerwiderten Liebe zu Astrov leidet, ist Vojnickijs zuverlässige Vertraute und ein pflichtbewusster Tatmensch bei der Erledigung der wirtschaftlichen Angelegenheiten des Landguts. Sie ist empathisch, aufrichtig, herzlich und vertrauensselig, versehen mit einem Zug Naivität. Sie versöhnt sich mit ihrer Stiefmutter Elena, vertraut sich ihr an und schüttet ihr Herz aus, indem sie ihre tiefe Liebe zu Astrov bekennt. Sie ist in Sorge um Astrovs übermäßigen Alkoholkonsum, ist bestrebt, wenn auch unter Spannung, mit ihrem Vater Serebrjakov zu kommunizieren und ihn vom Verkauf des Landguts abzuhalten, vermittelt bei einem aufkeimenden Streit zwischen Vanja und dessen Mutter Marija Vasil'evna (Sonjas Großmutter), wirkt durchweg beruhigend auf den leicht erregbaren Onkel ein und bewahrt ihn, zusammen mit Astrov, vor dem Suizid. Mit ihrer optimistischen Grundstimmung (« ... ich verzweifle nicht», Akt 4) muntert sie Vojnickij immer wieder auf («Ertrag es, Onkel! Ertrag es!», Akt 4). Am Schluss holt sie den gebrochenen Onkel Vanja mit hoffnungsvollen und zukunftsträchtigen Trostworten zurück in die Realität und legt einen Weg zum Weiterzumachen und Überleben nahe. In Čechovs Stücken sind es gewöhnlich die Frauen, die Männer aufrichten und ermutigen. Sonjas Schlussmonolog ist getragen von essenziellen Erkenntnissen: von Lebensbejahung, Verzicht – auf Liebesglück (?) –, vom Annehmen des Schicksals, vom Lebenssinn in der Arbeit – für andere! –, vom Wissen über die Begrenztheit des Lebens und von der Wahrnehmung einer höheren (mystischen? religiösen?) Wirklichkeit. Sonjas Bewusstsein bringt, trotz persönlicher Enttäuschungen, grundsätzliche, lebensbejahende und zukunftsorientierte Perspektiven des Seins zum Ausdruck, die Eigenarten der russisch-orthodoxen Frömmigkeit und deren mystische Tradition bzw. der stoischen Philosophie in sich tragen.[24]

---

[23] vgl. Deppermann (2003), S. 63 und Peace (2012), S. 248–249.

[24] Čechov waren die Lehren der Stoa durch die intensive Lektüre von Marc Aurel vertraut (vgl. Kissel (2012), 127f.). – Zu Čechovs Haltung zur Religion vgl. z.B. Swift (2004); de Sherbinin (1997), Sobennikov (1997).

> «… Wir werden leben, Onkel Wanja. Wir werden eine lange, lange Reihe von Tagen, von langen Abenden verbringen; wir werden geduldig die Versuchungen ertragen, die das Schicksal uns bringt; wir werden für die anderen arbeiten …; […] und wenn unsere Stunde gekommen ist, werden wir ergeben sterben und dort jenseits des Grabes sagen, dass wir gelitten haben, […] und Gott wird sich unser erbarmen, […] wir werden das helle, das schöne, das herrliche Leben erblicken, wir werden uns freuen […]. Ich glaube, ich glaube es innig, leidenschaftlich … […] Wir werden ausruhen! […] Wir werden die Engel hören, wir werden den Himmel erblicken, ganz in Diamanten, wir werden sehen, wie alles irdische Böse, all unsere Leiden in der Barmherzigkeit versinken, die dann die ganze Welt erfüllt, und unser Leben wird still, sanft, süß wie ein Streicheln» (Ende Akt 4).

Sonja vertraut auf eine erlösende Jenseitswelt, in der sie und Vanja nach all dem mühseligen Kraftaufwand «Atem holen, endlich frei atmen können» (Rothschild)[25]. «Aber wir wissen: ihr Trost bleibt in der Sprache. Die beiden werden weiterhin schuften. […] Ihre Verzweiflung wird andauern. […] Nicht was die Dialoge aussprechen, ist die Mitteilung, sondern was sie verschweigen, was in ihnen mitschwingt.»[26] Čechov verleiht dem Schlussmonolog, den Sonja «mit sehr müder Stimme» hält, einen lyrisch-melancholischen Charakter. Der Schluss, der «emotionale Höhepunkt» (Peace) des Stücks, ist optimistisch und auf eine erlösende Zukunft hin ausgerichtet; trotzdem bleibt er offen und mehrdeutig. «Die Schlussworte öffnen das Drama außerdem auf eine Perspektive, die unbestimmt und vage genug bleibt, um verschiedene Lösungen zuzulassen; die Hoffnung auf Ruhe kann ebenso die Erlösung von der Bürde des materiellen Seins, die Auslöschung in Nichts oder den Übergang in eine andere Seinsart nach dem Tod bedeuten.»[27] Čechovs Bühnenanweisungen deuten für das Ende des Stücks einen verhalten-unbeschwerten Ausklang an: Telegin spielt Gitarre, Marija Vasil'evna macht Notizen, Marina strickt, der Wächter klopft. Das Ende bedeutet für die Zurückgebliebenen nach der kräftezehrenden Zeit der hasserfüllten Auseinandersetzungen zumindest vordergründig eine Verschnaufpause: Die alte Ordnung und die Fortsetzung des gewohnten Alltagstrotts sind wiederhergestellt. Mit ihrer positiven Lebenshaltung erinnert Sonja, die am Ende zu einer erkennbaren «Lebensweisheit» gefunden hat, an die siebzehnjährige Anja im *Kirschgarten* und die zwanzigjährige Irina in den *Drei Schwestern*: In ihnen, der optimistischen jungen – und weiblichen – Generation, sieht Čechov die Hoffnungsträger der Zukunft.

---

[25] Der Wortstamm des von Sonja gebrauchten vollendeten Verbs «отдохнуть» (uv.: «отдыхать») bedeutet «Atem», «Ausatmen».

[26] Thomas Rothschild: «Wenn man es nur wüsste. Avantgardist wider Willen. Anton Tschechow zum 100. Todestag.» In: der freitag vom 9.7.2004. – https://www.freitag.de/autoren/der-freitag/wenn-man-es-nur-wusste.

[27] Kissel (2012), S. 128.

Im Kontrast zu dem «solidarischen Paar» Sonja und Onkel Vanja steht das «gestörte Paar» Elena und Serebrjakov.[28] Letztere werden auf dem Gutshof als Störfaktoren empfunden, die den gleichförmigen ländlichen Alltag durcheinanderwirbeln: der schwafelnd-kränkelnde Professor Serebrjakov mit seinem exzentrisch-arroganten Auftreten, unkonventionellen Tagesablauf und rücksichtslosen Absichten, das Anwesen zu verkaufen; die junge und schöne Elena durch ihre Untätigkeit und hauptsächlich ihre erotische Anziehungskraft, der Vojnickij und Astrov verfallen. Die 27-jährige Elena hat ihre Ausbildung als Pianistin aufgegeben, da sie seinerzeit den dreißig Jahre älteren «gelehrten und berühmten Mann» Serebrjakov vergöttert und geheiratet hat. Wie Astrov, Vojnickij und Sonja ist die depressiv veranlagte Elena ein unglückliches Sehnsuchtswesen. Sie leidet unter ihrer verlogenen Ehe und missbilligt die gebrochene, «künstliche» Beziehung zu ihrem Mann, der ihr musikalisches Talent nicht wertschätzt. Elena fühlt sich als banaler «Episodentyp» (эпизодическое лицо) vor allem auf dem Landgut fehl am Platz, dessen «unglückselige» (неблагополучно) Disponiertheit mit gebrochenen zwischenmenschlichen Beziehungen sie spürt: «Es ist etwas Unseliges in diesem Haus» (Akt 2). Wiederholt wird sie mit der greifbaren Präsenz der beliebten, aber auf der Bühne nie erscheinenden, Vera Petrovna – Serebrjakovs verstorbener erster Frau, Onkel Vanjas Schwester und Sonjas Mutter – verglichen und mit Erwartungen konfrontiert, die sie nicht erfüllen kann. Čechov bringt hier den Kunstgriff der Relevanz von nicht-auftretenden Personen zur Anwendung, den er in den *Drei Schwestern* mit dem Mitagieren des toten Vaters verfeinert: Tote gehören mitunter zu den Figuren der Čechovschen Dramen und nehmen Einfluss auf das Verhalten der Lebenden. Elena genießt einerseits ihre weibliche Sogwirkung auf das männliche Geschlecht, leidet aber andererseits darunter, ihre Weiblichkeit ausschließlich auf körperliche Attraktivität reduziert zu wissen und mit einem verführerischen «Raubtier» (хищница) oder einer betörenden, Männer verführenden Rusalka, einem weiblichen Wassergeist, verkettet zu sehen. Elena befindet sich im Zwiespalt zwischen Verantwortungsgefühl – sie fühlt sich moralisch nicht in der Lage, ihrem betagten Mann untreu zu werden geschweige denn, ihn zu verlassen – und Faszination für Astrov. «Ich glaube, ich bin selbst ein bisschen hingerissen von ihm» (Akt 3). Sie hat ein offenes Ohr für ihre Stieftochter Sonja – nicht ganz ohne Eigennutz – und versöhnt sich mit ihr; sie macht sich Gedanken über Astrov und dessen ökologische Vorstellungen, über moralische Prinzipien und ihre eigene seelische Verfassung. Die verwöhnte Elena leidet an Monotonie («Ich sterbe vor Langeweile, ich weiß nicht, was ich tun soll», Akt 3), ist aber nicht bereit, Sonjas Vorschlag aktiv umzusetzen und sich sozial engagiert um die Pflege von Kranken oder die Ausbildung von Bauern zu kümmern. Obwohl sie ihren freud- und trostlosen Daseinszustand erkennt und diesen durchaus radikal neugestalten könnte, ändert sie grundlegend nichts an ihrem *status quo* und verlässt – ernüchtert, unzufrieden und unausgefüllt, ihre innere Zerrissenheit verdrängend – zusammen mit ihrem

[28] Deppermann (2003), S. 66.

hypochondrisch jammernden Ehegatten das wenig geliebte Landgut, das für sie einer «Hölle» gleichkommt. Die stets latent greifbare Entfremdung zwischen Land und Stadt erreicht mit dem Aufbruch der beiden ihren Höhepunkt und spiegelt das Missverhältnis zwischen ländlicher und urbaner Lebenswelt in der russischen Gesellschaft des 19. Jahrhunderts wider. Das Schicksal des ungleichen Paares ist ungewiss; es scheint, dass der Professor und seine junge Frau ihre Lebensgrundlagen verloren haben und weder auf dem Land noch in der Stadt nachhaltig Wurzeln schlagen können.

Die scheinbaren Nebenfiguren – Marina, Telegin, Marija Vasil'evna – stehen für das unaufgeregte Alltagsleben. Die Njanja Marina ist die treue Seele auf dem Landgut. Sie repräsentiert die «gute, alte Zeit» und konservative Lebensweise. Im Beziehungswirrwarr der Hauptakteure verkörpert sie als ruhender Pol durch ihre Prinzipien Pflichtbewusstsein, Ehrlichkeit, Fürsorge, Glauben und Emotionalität Normalität und Routine des täglichen Trotts. Beim hitzigen Scharmützel der streitenden «Ganter» (гусаки) Vojnickij und Serebrjakov bewahrt sie die Fassung. Sie ist die einzige Person, die instinktiv menschliche Wärme und ein mütterliches Mitgefühl dem alten und kranken Professor entgegenbringt, ihn bemitleidet und besänftigt, mit Lindenblütentee versorgt und zu Bett bringt. In dieser Szene evoziert Čechov feine Ironie: Serebrjakov, die bewunderte wissenschaftliche Autorität der Intelligenz, wird hier mit einem hilflosen Kleinkind gleichgesetzt. Marina lebt in harmonischer Balance von Gegenwart, Vergangenheit und Zukunft. Ihre Sprache ist einfach und besteht aus stereotypen Aussagen. Mit der Figur des Firs, der «männlichen Njanja» im *Kirschgarten* in dem letzten Bühnenstück des Autors, geht Čechov einen Schritt weiter: Firs, der wie Marina die Werteordnung der schwindenden Welt der Leibeigenschaft personifiziert und im Unterschied zu Marina ausschließlich in der Vergangenheit lebt, wird am Ende des Dramas buchstäblich auf dem Landgut vergessen und somit dem Tod – und damit der für ihn nicht mehr eintretenden Zukunft – preisgegeben.

Marina und Telegin bilden als Repräsentanten der alten Zeit ein zusammengehörendes Figurenpaar. Der verarmte, friedliebende Gutsbesitzer Il'ja Il'ič Telegin, der aufgrund seiner picklig-pockigen Haut «Waffelgesicht» (вафля) genannt und von Nachbarn als «Schmarotzer» verspottet wird, wird auf dem Landgut versorgt. Er ist eine naiv-komische, hilflose und harmoniebedürftige Figur, die die Betriebsamkeit der anderen bisweilen mit ironischen Anmerkungen kommentiert, aber meist selbst nicht beachtet wird. Seine Unbeholfenheit äußert sich in seinem sprachlich weinerlich-pathetischen Duktus, der – unfreiwillig – verschroben-erheiternd klingt. Sein Gitarrenspiel – zum Beispiel am Ende des ersten und letzten Aktes – reflektiert sinnbildhaft die emotionalen und psychologischen Befindlichkeiten der Figuren. Somit kommt Telegin im Stück durchaus eine wichtige Rolle zu; er schafft – wie auch Marina – mit seiner Gitarrenmusik einen Ruhepunkt im chaotischen Geschehen. Für Čechov stehen Musik, Klänge und Geräusche als bedeutsame Kommunikationsträger gleichberechtigt neben sprachlichem Kontakt.[29]

Marija Vasil'evna Vojnickaja, die Mutter von Onkel Vanja und Vera Petrovna, der ersten Frau des Professors, ist eine mehr oder minder teilnahmslose, durch Enttäuschungen frustrierte Frau, die ihr Glück im permanenten Lesen von Broschüren und emanzipatorischen Traktaten sucht. Marija Vasil'evna, eine Repräsentantin der alten Intelligencija, sieht kritiklos in ihrem Sohn Vanja eine «leuchtende Persönlichkeit», vergöttert blindgläubig ihren Schwiegersohn Serebrjakov und nimmt den Konflikt der beiden Kontrahenten nicht wahr. Sie ist «hart am Rand der Karikatur angesiedelt» (Kissel).

Wie auch in den anderen Čechov-Dramen wird in *Djadja Vanja* die weitgehend fehlende äußere Handlung in die Dynamik der Sprache und nonverbalen Mittel verlegt. Sprache für sich genommen, als Medium der Verständigung und Kommunikation, wird im Stück reduziert. Die Personen kommunizieren mehr mit sich als mit anderen.[30] Die seelische Befindlichkeit und den inneren Zwiespalt der Figuren führt Čechov auf die problematischen zwischenmenschlichen Verflechtungen und komplizierten Kommunikationsumstände zurück. Die Sprach- und Kommunikationsstrukturen zwischen den Agierenden sind durch eine lockere Umgangssprache, Selbstgespräche, dem Wechsel von «Sie» (Вы) auf «Du» (ты), Nichtzuhören, Missverständnisse, scheinbar zusammenhangloses Sprechen, unterbrochene, unausgesprochene Sätze, gleichzeitiges Sprechen über verschiedene Themen, Wortspiele, Wiederholungen, deplatzierte Wörter, Andeutungen, Schweigen u. ä. charakterisiert. Vierundvierzig von Čechov gekennzeichnete Pausen sind in *Djadja Vanja* Ausdrucksmittel einer «verfeinerten, verinnerlichten Dramatik» (Zelinsky); sie betonen das Ungesagte, die Stille und den Moment des Nachsinnens und Suchens, den Themenwechsel. Sonja hat kaum verbale Kontakte zu ihrer Großmutter Marija Vasil'evna, wendet sich aber mit viel Empathie an die Njanja, die die Rolle der Vertrauten übernimmt. Serebrjakovs und Sonjas Kommunikation ist kühl und distanziert; der Vater ignoriert völlig den Vorschlag der Tochter, das Forstrevier zu besuchen. Der Sprachduktus des ich-bezogenen Professors ist mal energisch-grob, mal kindisch, mal formal und nüchtern-ökonomisch, wobei gemeinhin Untertöne von Gereiztheit, Arroganz und Selbstbezogenheit mitschwingen. Es ist bezeichnend, dass die Personen mehrfach einander nicht zuhören oder verstehen (wollen) und oft aneinander vorbei anstatt miteinander reden, weil sie ausschließlich in ihrer eigenen inneren Welt weilen. So beispielsweise Vojnickij und Elena in Akt 2: Vanja spricht unbeholfen über seine Gefühle zu seiner Angebeteten, während Elena sich im selben Moment über die angespannte Atmosphäre im Haus Gedanken macht. Ausgeprägt ist der wiederholte Wechsel vom formalen «Sie»-Anredemodus zum intimeren «Du»: So verändert Marina in der Szene, in der sie den Professor wie ein schutzloses Kind behütet, ihre Anrede vom respektvollen «vy»

---

[29] Kissel (2012), S. 99, 100.

[30] Zelinsky (2012), S. 74.

zum liebevollen «ty». Auch Astrovs Bestreben, eine leidenschaftliche Affäre zu Elena aufzubauen, ist durch einen ähnlichen «vy-ty»-Wechsel markiert. In *Djadja Vanja* – wie auch den anderen Dramen Čechovs – findet man keine echten dialogischen Auseinandersetzungen, z. B. Rededuelle, sondern vielmehr Selbstreflektionen und Seinsanalysen. Eine besondere dramaturgische Form schafft Čechov mit Selbstgesprächen, die, jenseits des Monologs des klassischen Dramas, «Selbstbetrachtung und Selbsterforschung», d. h. wesentliche Einblicke in die Bewusstseinslage der jeweils Sprechenden artikulieren.[31] Sonjas poetisch angehauchter Schlussmonolog und Vojnickis prosaisch wirkendes Selbstgespräch über den Professor und das aus seiner gewohnten Ordnung herausgerissene Alltagsleben auf dem Landgut sind monologische Selbstgespräche des «lauten Denkens». Zu den Mitteln der Sprache kommen nicht-verbale theatralische Komponenten und signifikante Details (räumliche Anordnung, Ausstattung, Kleidung, Uhrzeit, Gegenstände u. ä.) sowie die oft vom Autor in Regieanweisungen festgelegte Art der szenischen Darbietung (Gestik, Mimik u. ä.): Sie alle stehen gleichwertig nebeneinander und rufen dementsprechend ein «polyphones Drama von beispielloser Komplexität, Spannungs- und Bedeutungsdichte» ins Leben.[32] Sie alle reflektieren letztlich die Trivialität des Alltäglichen, die persönliche – durchweg beklagenswerte – Lebenssituation, die Orientierungs- und Handlungslosigkeit der Figuren.

Die Verbindung zwischen Zeit und Leben in Leid und Verzweiflung spielt eine markante Rolle in *Djadja Vanja*. Die Zeitdimensionen Gegenwart, Vergangenheit und Zukunft überlagern sich. Die Figuren leben in der Gegenwart und haben ein besonderes, in der Regel angespanntes, Verhältnis in Bezug auf Zeit. Ihre Gegenwart wird von Rückblicken in die Vergangenheit und Hoffnungen auf die Zukunft bestimmt. Die Hauptakteure befinden sich in einer Umbruchsituation, leben in einer Art «Zwischenzeit» (Szondi) und «Zeitenthobenheit» (Hielscher) und machen einen Spagat zwischen Vergangenheit und Zukunft. «Überall findet sich bei Čechov dieses Wissen um die Unaufhaltsamkeit der Zeit, um den Beginn des Alters bereits in der Jugend und um die endgültig verlorenen Hoffnungen. Wer aber unter den Dramenfiguren die Glückserwartungen nicht ganz aufgibt [...], projiziert sie in eine unbestimmt und ferne, ja fernste Zukunft».[33] Ein glückliches Leben erwartet Astrov in «hundert, zweihundert Jahren», ja erst «in tausend Jahren». In wiederholten Zeitsprungimaginationen verspricht er sich ein sinnerfülltes Dasein für die zukünftige Menschheit und kontrastiert diese mit der derzeitigen Gegenwart, die für den Arzt von chronischem Zeitdruck und Zeitmangel geprägt ist. Zeitnot bestimmt seinen Alltag; dies verstärkt unter anderem sein ständiger Blick auf die Uhr. Das gegenwärtige Leben findet er «langweilig, dumm, dreckig» (Akt 1) und hoffnungslos, die vergangene Zeit

[31] Kissel (2012), S. 129–131. Kissel führt die Figur des Selbstgesprächs, das alte Gattungsgrenzen sprengt und Züge der Erzählung und Lyrik annimmt, auf die Philosophie der antiken Stoa zurück. – Vgl. auch Zelinsky (2012), S. 73f.

[32] Deppermann (2003), S. 70.

[33] Zelinsky (2012), S. 71.

nimmt er als bedrückend und destruktiv wahr. Sonja ist erschreckt über Astrovs negative Lebenshaltung, die nicht momentan und vorübergehend, sondern dauerhaft, unaufhebbar und endgültig ist.[34] Vorwurfsvoll fragt sie ihn: «Warum also, warum zerstören Sie sich selbst?» (Akt 2). Auch andere Figuren begreifen ihr derzeitiges Dasein als abstoßend. Vojnickij beklagt seine verlorene Lebenszeit, findet sein Leben unerträglich und lebt zeitweise in Erinnerungen an die beglückende Vergangenheit. «Ich war eine leuchtende Persönlichkeit, die niemand erleuchtet hat …» (Akt 1). Er weiß um vergeudete Gelegenheiten in seinem Leben und hat, wie es scheint, resigniert. «Nächtelang kann ich vor Ärger nicht schlafen, vor Zorn darüber, dass ich die Zeit so sinnlos vertan habe, in der ich alles hätte haben können, was mir jetzt im Alter verwehrt bleibt». (Akt 1). Am Ende versucht er, seine persönliche Frustration und seinen Weltschmerz mit Arbeit zu kompensieren, wobei ihn Sonja bestärkt: «Ich muss mich so schnell wie möglich mit etwas beschäftigen … Arbeiten, arbeiten!» (Akt 4). Zusammen mit seiner Nichte macht er sich nach der Abreise des ungleichen Ehepaars an die Wirtschaftsführung des Landguts. Das Ethos der Arbeit als Hoffnungsträger zu einem ausgefüllten Dasein in der Gegenwart ist nicht Selbstzweck, sondern auf das Wohl anderer ausgerichtet. Auch für Irina in den *Drei Schwestern* ist Arbeit identisch mit Tätigkeit «für andere». Arbeit ist bei Čechov, dem «Dichter der Arbeit» (Thomas Mann), ein Heilmittel, um aus dem Jammertal der Langeweile, Freudlosigkeit und des Selbstmitleids auszubrechen. Sie ist «ein letzter Ausweg» (Zelinsky) und trägt zur wesentlichen Seinszufriedenheit im Jetzt und nicht in einer utopischen Zukunft bei. Auch für Serebrjakov spielt Arbeit eine wichtige Rolle. Čechov legt ihm eine zentrale Botschaft des Stücks in den Mund: «Meine Herrschaften, man muss ein Werk schaffen!» (Akt 4). Im Unterschied zu Vojnickij dient Arbeit für den selbstbezogenen Professor aber ausschließlich seinem eigenen Ruhm. Er weiß um die Vergänglichkeit, leidet an seinem Alter und körperlichen Verfall, der das Glück seiner jungen Frau zunichte macht. Čechov kontrastiert mit der ironisch-farcenhaften Darstellung von Serebrjakov und Elena Alter und Jugend. Elena, die «Episodenfigur» ohne ersichtliche Visionen, vergeudet ihre Zeit durch Langeweile, Müßiggang und Unentschlossenheit zum aktiven Handeln für einen lebensverändernden Umbruch. Die Njanja ist, wie auch Telegin, der Ruhepunkt in dem hektischen Geschehen. Marina sieht ihr Leben in der russisch-orthodoxen Religiösität eingebettet und erfasst Gegenwart, Vergangenheit und Zukunft in einer gottgelenkten Wechselbeziehung, «alles in seiner Ordnung, wie bei anständigen Menschen … bei Christenmenschen» (Akt 4).

Zeit hat in *Djadja Vanja* eine symbolische Funktion. Das Geschehen beginnt zur Zeit der Heuernte im Frühsommer und endet im Herbst. Das dramatische Tempo bleibt über den gesamten Textverlauf nicht konstant. Bewegte Szenen mit einer «übervollen Zeit» (Kissel) werden zeitlich entschleunigten Passagen gegenübergestellt. Während der Zeitfluss des an äußeren Ereignissen armen ersten Aktes

[34] ebd., S. 72.

in einem relativ gleichmäßigen Rhythmus verläuft, gewinnt er im zweiten Akt durch rasch folgende Episoden an Fahrt; die sich zuspitzenden Krisen werden beschleunigt und kulminieren im dritten Akt, in dem Čechov eine herbstliche Septemberstimmung vorgibt, in einem turbulenten Geschehen und offenen Konflikt, der im vierten Akt in Starre, Ernüchterung und Verzicht umschlägt; die Akteure verlassen das Landgut bzw. bewegen sich zurück in die Ereignislosigkeit.[35] Das Stück endet in einem langsamen Zeitfluss, fast zeitlupenartig. Die alte Normalität des monoton verlaufenden Landlebens ist wiederhergestellt; Sonjas Schlussmonolog findet vor einem völlig stillen Hintergrund statt. Durch das Klopfen des Nachtwächters, das Čechov wiederholt an bestimmten Stellen des Stücks einsetzt, werden die Menschen – Figuren und Zuschauer gleichermaßen – immer wieder an die kostbare, unerbittlich verrinnende Zeit erinnert, werden dadurch wachgerüttelt und alarmiert.[36]

Neben der sinnbildlichen Zeitbedeutung und Namensgebung einiger Figuren findet sich in *Djadja Vanja* eine Fülle von symbolischen Motiven, die die emotionalen Befindlichkeiten der Gestalten verstärken. Die gesellschaftlichen Rituale der Gastfreundschaft in Form von Essen und Trinken, besonders die im Stück wiederkehrende Teezeremonie, werden von Čechov genutzt, um Figuren einzuführen bzw. näher zu charakterisieren.[37] Das Symbol der Nahrung ist besonders im vierten Akt eng mit dem Motiv der Arbeit verbunden. Das Ritual des Teetrinkens gehört für die Gutsbewohner zum Alltag; mit der Ankunft des ungleichen Ehepaares Serebrjakov und Elena wird es aus der Balance gebracht bzw. ganz missachtet. Mehrfach wird im Stück erwähnt, dass der Tee kalt ist. Die Art und Weise, wie Tee getrunken wird, ist für die jeweilige Person aufschlussreich. Astrov lehnt zum Beispiel angebotenen Tee ganz ab; er präferiert Vodka. Sonjas kalt gewordener Tee («Der Tee ist kalt!») weist symbolisch auf Astrovs Zurückweisung hin; die von Sonja erhoffte Liebesbeziehung zum Arzt bleibt kalt und emotionslos. Serebrjakov lässt sich seinen Tee nach einem langen Spaziergang sofort zu seinem Schreibtisch bringen, nachdem Marina den Samowar schon zwei Stunden zuvor für ihn bereitgestellt hat; seine Einstellung zum Teeritual untermauert die Gleichgültigkeit, Launenhaftigkeit und das Gefühl der Wichtigkeit des Professors. Die lesende Marija Vasil'evna trinkt apathisch ihren Tee, ohne von ihrer Lektüre aufzuschauen. Elena – so beschreibt Čechov in der Bühnenanweisung in Akt 1 – «nimmt ihr Glas, setzt sich auf die Schaukel und trinkt im Schaukeln». Diese Szene veranschaulicht Elenas Sprunghaftigkeit und «emotionale Unentschlossenheit» (Peace) ihrem Ehemann und Astrov gegenüber; ihr Zwiespalt wird durch das symbolische Hin- und Herpendeln der Schaukel hervorgehoben. Vanja, der letztendlich wieder seine Verwaltungsarbeit für das Gut aufnimmt, ist in seinem winzigen chaotischen Arbeitszimmer von Papieren, Büchern, Schränken, einem Schreibpult, Fußabtreter

---

35 Kissel (2012), S. 114.

36 vgl. Zelinsky (2012), S. 76f.

37 Peace (2012) beschreibt ausführlich die Funktion von Gastfreundschaft und Teezeremonie in *Djadja Vanja*, vgl. S. 255–259.

und einer Waage umgeben (Akt 4). Ein Käfig mit einem Star, der sich dort auch befindet, symbolisiert – im wortwörtlichen und übertragenen Sinn – den engen Bereich von Onkel Vanjas eingeschränkter Welt. An der Wand, so hält Čechov in der Regieanweisung fest, hängt «eine Afrikakarte, die hier offensichtlich niemand braucht». Kurz vor seiner Abreise bemerkt Astrov: «In diesem Afrika ist jetzt sicher eine Hitze – schrecklich!» (Akt 4). Afrika bedeutet für Astrov sinnbildlich einen warmen, großen, farbenfrohen Kontinent, der im Gegensatz zu der – räumlich und weltanschaulich – begrenzten, monotonen russischen Provinz und dem anstehenden Winter ein Sehnsuchtsort der Freiheit und auch der Leidenschaft ist. Gor'kij war beim Betrachten dieser Szene zu Tränen gerührt, wie er 1898 Čechov mitteilte: «Ich erzitterte aus Begeisterung vor Ihrem Talent und aus Angst vor unseren Menschen, vor unserem farblosen, elenden Leben.»[38] Das Aufwickeln von Strumpfwolle und Stricken eines Strumpfes – die Njanja beginnt und beendet mit dieser gleichförmigen Tätigkeit das Stück – wird mit dem Schicksalsthema verknüpft.[39] Die sechsundzwanzig riesigen Räume des Landguts, das Serebrjakov verabscheut, gleichen in ihrem unübersichtlichen, labyrinthartigen Charakter dem konfusen Seinszustand der Figuren. Auch die zahlreichen Türen übernehmen eine symbolische Funktion: Sie weisen auf verschiedene Lebensphasen, Entscheidungen, Hoffnungen, Erwartungshaltungen und Ungewissheiten hin. Türen trennen Räume voneinander, ermöglichen den Eintritt wie Austritt und erlauben somit einen unbekannten, geheimnisvollen Übergang von einem Zustand zum anderen. Die Herbstrosen, mit denen Vojnickij sich bei Elena für seine Taktlosigkeit entschuldigen möchte, sind «zarte, traurige Rosen», wie Vanja den Strauß beschreibt. Sonja nimmt nachdenklich seine Worte auf. Die Rose, das Sinnbild der Freude, Leidenschaft, Liebe und Schönheit, erfährt hier eine gegensätzliche symbolische Bestimmung. Die Herbstrosen sind zwar herrlich (прелестные), erfüllen aber nicht ihre ursprüngliche Bestimmung und sind dem Verfall preisgegeben (осенние, грустные розы): Sie sind das Abbild von melancholisch-resignierter Liebe. Verborgene Hinweise, wiederkehrende literarische Anspielungen – etwa auf Ostrovskij, Turgenev, Gogol', Batjuškov, Dostoevskij, Schopenhauer, Horaz u. a. – sowie weitere symbolische Elemente (Vodka, Gewitter, Gitarre, Musik/Geräusche, Krawatte, Krankheit, Kerze, Symbole der Arbeit, Tiersymbolik u. a.) vertiefen Stimmungsbilder und verdichten die Seelenlage der Figuren.

Regisseure haben sich immer wieder in unterschiedlicher Weise an der Aufführung von *Djadja Vanja* versucht – so beispielsweise Andrea Breth, Markus Dietz, Jo Fabian, Jürgen Flimm, Barbara Frey, Jürgen Gosch, Matthias Hartmann, Karin Henkel, Rüdiger Hentzschel, Andreas Kriegenburg, Hans Lietzau, Luk Perceval, Christian Redl und andere. Das Stück, das auch eine besondere Herausforderung für Schauspieler und Dramaturgen darstellt, steht nach wie vor auf den Spielplänen deutschsprachiger Bühnen. Es wird dort auch in Zukunft zu

[38] http://chehov-lit.ru/chehov/text/dyadya-vanya-primechaniya.htm.

[39] Peace (2012) weist darauf hin, dass in der klassischen Mythologie das Wickeln von Garn «als Sinnbild für das Schicksal» verstanden wurde. S. 254.

finden sein: Theater ohne Čechov ist undenkbar. «Tschechow zu machen», so äußerte sich 2008 der Regisseur Andreas Kriegenburg, «ist für die Schauspieler ein Fest, für den Regisseur die Hölle. […] Tschechow spinnt ein unglaublich dichtes Netz: Von Beziehungen, von Andeutungen, von Stimmungen … Sogar das Wetter oder ein Spaziergang im Freien spielen eine ganz wichtige Rolle für den Seelenzustand der Figuren, es beeinflusst ihre Sprache, ihre Bewegungen. Beim Inszenieren hat man daher ganz wenige Chancen zur Oberflächlichkeit.»[40]
Im Vergleich zum Theater verfügt das Filmmedium über zusätzliche technische Möglichkeiten zur Interpretationsfindung. Čechovs Theaterstück wurde mehrmals filmisch adaptiert, so etwa von Peter Beauvais (1965), Dieter Giesing (1979), Georgij Tovstonogov (1986), Björn Melander (1994), Michael Blakemore («Country Life», 1994), Anthony Hopkins («August», 1996), Barbara Frey (2004) und anderen. Drei Filmadaptionen seien exemplarisch herausgegriffen. Andrej Michalkov-Končalovskijs prämierte sowjetische Produktion von 1970 wirft einen doppelten Blick auf die Zeit Čechovs der 1890er Jahre und die Brežnev-Zeit der ausgehenden 1960er Jahre, wobei mit «subtilen Methoden» deutliche gesellschaftspolitische Schwerpunkte gesetzt werden.[41] Der Regisseur bleibt dabei genauso nah am Originaltext wie Louis Malle, dessen amerikanische Adaption «Vanya on 42nd Street» von 1994 im New York der 1990er Jahre angelegt ist, aber mit einem völlig offenen Gegenwartsbezug. Der Film zeigt mit minimalistischer Ausstattung und intelligenter Kameraführung eine Gruppe Schauspieler beim Einstudieren von *Djadja Vanja*; Kunst und Leben durchdringen sich gegenseitig.[42] Anna Martinez' moderne deutsche Onkel Vanja-Adaption von 2017 spielt in der österreichischen Provinz in den 2010er Jahren. Der Film handelt von dem in die Jahre gekommenen Großbankier Alexander, der nach Naturkatastrophen, dem totalen Zusammenbruch des Finanzmarktes und einer Revolution mit seiner Frau Elena aus der Stadt auf den entlegenen Landsitz seines Schwagers Vanja flieht und dort im auslaugend-grotesken Zusammenleben mit der Mischpoke an existentielle Grenzen stößt.
Wie für alle Dramen Čechovs, gibt es auch für *Djadja Vanja* keine eindeutig festgelegte Interpretation. Die Vieldeutigkeit macht den Zauber dieses zeitlosen Stückes aus. Neben den Grundthemen – komplizierte zwischenmenschliche Beziehungen, Suche nach Leitlinien und Liebe, Selbstmitleid, Verzweiflung, Tatenlosigkeit, Konfrontation mit der Realität, Verrinnen der Zeit u. a. – ist der Gegenstand der Umweltzerstörung ein ganz besonderes Anliegen Čechovs in *Djadja Vanja*. Die Brisanz dieses Anliegens ist heute aktueller denn je.

[40] https://www.welt.de/kultur/theater/article1941102/Kriegenburg-inszeniert-Tschechows-Onkel-Wanja.html.
[41] Engel (2012), S. 485-488.
[42] ibd., S. 490. – Vgl. auch Whyman (2011), S. 120f.

ARBEITEN UND TEXTE ZUR SLAVISTIK

Bd. 80 Dörte Lütvogt: Zeit und Zeitlichkeit in der Dichtung Wisława Szymborskas. 388 Seiten. ISBN 978-3-7329-0450-1

Bd. 83 Sigrun Bielfeldt: Selbst oder Natur. Schellings Anfang in Rußland. 460 Seiten. ISBN 978-3-7329-0415-0

Bd. 90 Beata A. Bieniek: Bruno Schulz' Mythopoesie der Geschlechteridentitäten: Der Götzenblick im Gender-Spiegel. 298 Seiten. ISBN 978-3-7329-0421-1

Bd. 93 Monika Katz: F. A. Koni und das russische Vaudeville. Zur Geschichte des Unterhaltungstheaters in St. Petersburg 1830–1855. 416 Seiten. ISBN 978-3-7329-0424-2

Bd. 94 Sabahat Eker: „Die Poesie im Leben des Volkes". Die Darstellung Abchasiens in Fazil' Iskanders Roman *Sandro iz Čegema*. 226 Seiten. ISBN 978-3-7329-0431-0

Bd. 95 Sigrun Bielfeldt: „Der schwere Schritt in die Wirklichkeit". Schelling und Bakunin. 292 Seiten. ISBN 978-3-7329-0416-7

Bd. 98 Leif Murawski: Kunst und mystische Erfahrung im Werk Konstantin D. Bal'monts. 556 Seiten. ISBN 978-3-7329-0441-9

Bd. 99 Sigrun Bielfeldt: Dmitrij Tschižewskij und Ludolf Müller erinnernd: Abendland, Morgenland. 288 Seiten. ISBN 978-3-7329-0417-4

Bd. 100 Nina Frieß: „Inwiefern ist das heute interessant?" – Erinnerungen an den stalinistischen Gulag im 21. Jahrhundert. 396 Seiten. ISBN 978-3-7329-0403-7

Bd. 101 Witkacy: Theoretische Schriften zum Theater. Übersetzt, herausgegeben und mit einem Vorwort von Karlheinz Schuster. 582 Seiten. ISBN 978-3-7329-0482-2

Bd. 102 Rebecca Krug: Kulturpessimistische Variationen – Der Einfluss von Oswald Spenglers „Der Untergang des Abendlandes" auf die russische Literatur der 1920er und 1930er Jahre. 488 Seiten. ISBN 978-3-7329-0489-1

ARBEITEN UND TEXTE ZUR SLAVISTIK

Bd. 103 Антон Чехов: Чайка. Herausgegeben von Wolfgang Schriek.
110 Seiten. ISBN 978-3-7329-0561-4

Bd. 104 Антон Чехов: Дядя Ваня. Herausgegeben von Wolfgang Schriek.
98 Seiten. ISBN 978-3-7329-0576-8

Bd. 105 Frank Göbler: Don Juan in der russischen Literatur.
278 Seiten. ISBN 978-3-7329-0618-5

Bd. 106 Juliusz Słowacki: Die Tragödien „Beatrix Cenci" und „Lilla Weneda".
Übertragen und kommentiert von Rolf Fieguth.
252 Seiten. ISBN 978-3-7329-0721-2

Bd. 107 Angelika Salzer: Isolation oder Integration. Leben und literarisches Werk von Anatolij Štejger und Vladimir Pozner. 466 Seiten.
ISBN 978-3-7329-0722-9

Bd. 108 Cyprian Norwid: Quidam. Przypowieść/Parabel und Para-Roman.
Polnisch | Deutsch. Übersetzt und herausgegeben von Rolf Fieguth.
324 Seiten. ISBN 978-3-7329-0832-5